今日から作れる！

編みながら楽しく覚える

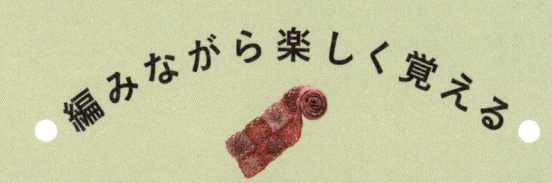

かぎ針編みの基礎

セーター・ベスト・スカート・帽子・マフラー・バッグ

成美堂出版

Contents

あとからつなぐ
モチーフつなぎのプル

デザイン_河合真弓　編み図_14ページ

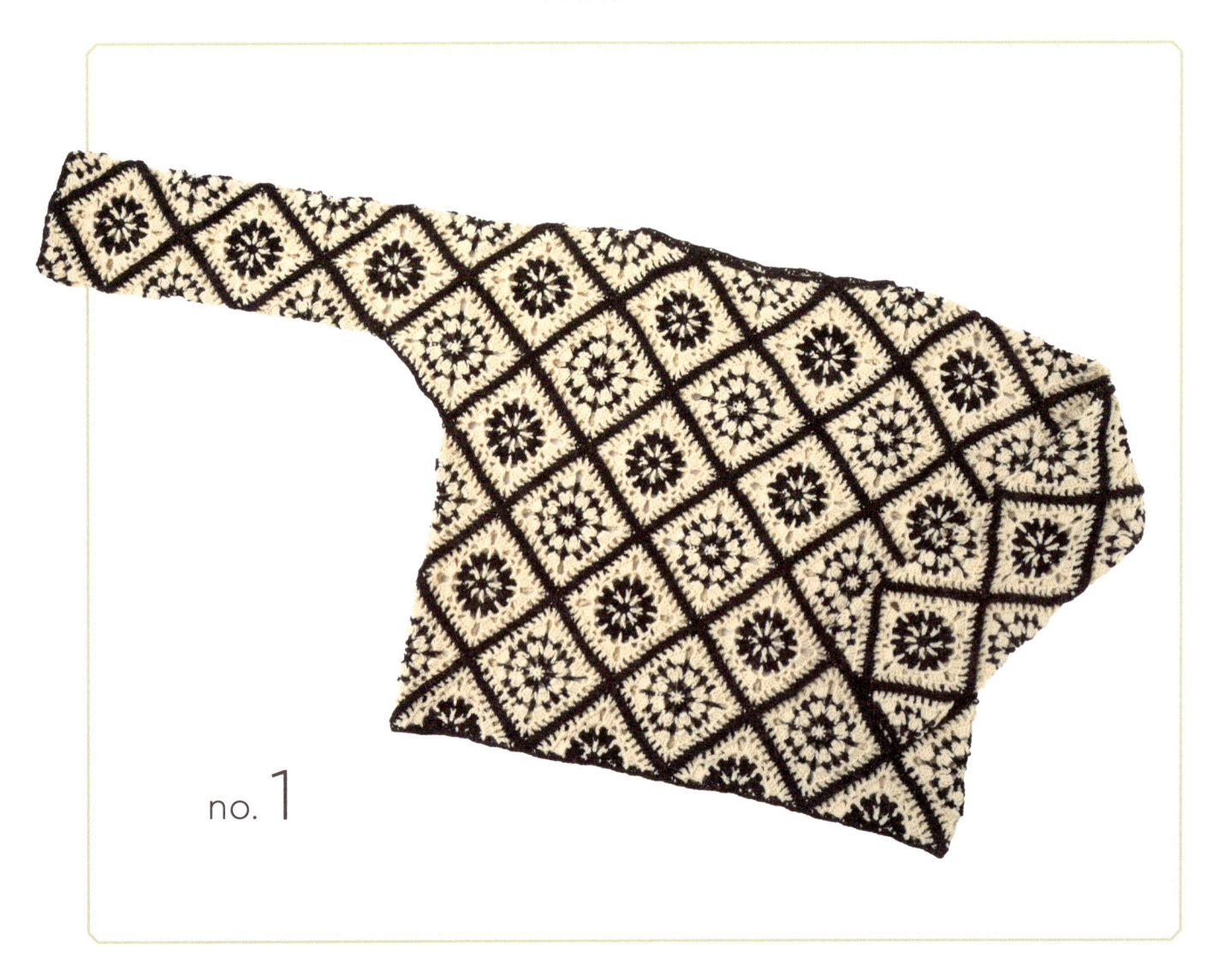

no. 1

いつの時代も新鮮さを失わないモチーフつなぎ。
モチーフのつなぎ方は、編みながらつなぐ方法と
あとからつなぐ方法があります。この作品は、あ
とからつなぐほうで、あとからのほうがかんたん
で仕上がりの状況も予測がつくので安心です。

ライトベージュと黒の配色がスタイリッシュな印象のプル。存在感あるデザインですが、飽きずに長く着られる一枚です。糸はオールシーズン対応のコットン100％素材。

使用糸／DMCナチュラ

　スクエアモチーフをダイヤ柄につなぎ合わせた、スカ
ラップ風のヘムラインがおしゃれなプル。ミントグリー
ンのさわやかな色合いも素敵です。作品1と2は同じモ
チーフですが、配色と単色では印象ががらりと変わりま
す。糸のセレクトも手編みの楽しさですね。

使用糸／DMC ナチュラ

あとからつなぐ モチーフつなぎのプル

guidance／河合真弓

● 本誌4ページ、作品1の詳しい編み方を解説します。編み図は14ページにあります。
● 作品はDMCナチュラのライトベージュ・黒を使用していますが、プロセスではライトベージュ・こげ茶を使用しています。またポイントでは別色の糸を使っています。

用具をそろえる

① 4/0号かぎ針
② はさみ
③ とじ針（糸始末用）

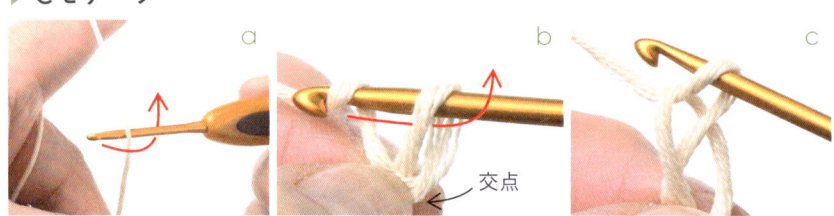

※ モチーフは指定枚数を編み、あとからモチーフどうしを引き抜きはぎでつなぎ合わせます。
※ 糸のかけ方と針の入れ方は、写真解説のほか「編み目記号と基礎」（P.138〜143）も併せて参照してください。

1. モチーフを編む

目を作る— 糸輪の作り目（P.138）

鎖編み・細編み・長編み（p.138）

長々編み（p.139）

引き抜き編み（p.141）

長編み3目の玉編み（p.140）

▶ Cモチーフ

1 左手にライトベージュの糸をかけ、かぎ針を糸の向こう側にあてます。針を手前に引き、矢印のように回して輪を作ります（a）。交点を親指と中指で押さえ、針に糸をかけて引き出します（b）。糸輪の作り目ができました（c）。

1段め

1 糸をかけて引き抜いて立ち上がりの鎖を1目編みます。

2 細編みを編みます。矢印のように糸輪に針を入れ（a）、針に糸かけて引き出します（b）。さらに針に糸をかけて2ループを引き抜きます（c）。

3 細編み1目が編めたところ。2をくり返してあと細編みを7目編みます。

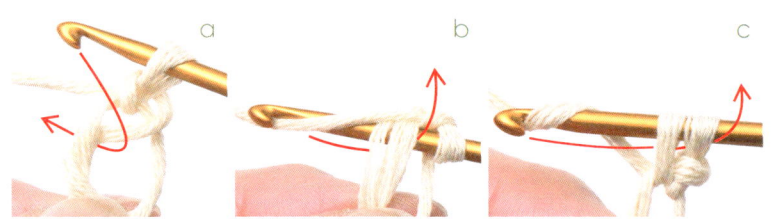

4 細編み8目が編めたら糸端を引いて中央の糸輪を引き締めます。

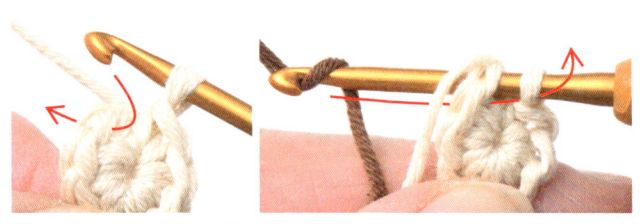

5 1目めの細編みの頭に針を入れます。ライトベージュの糸を向こう側から針にかけ、新たなこげ茶の糸で引き抜きます。

6 1段めが編めました。

 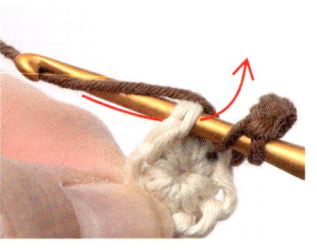  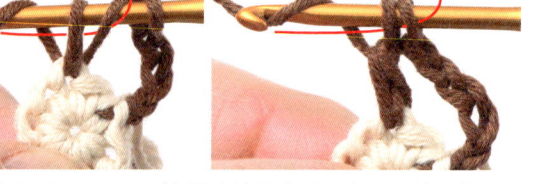

7 立ち上がりの鎖3目と鎖3目を編みます。次に長編みを編みます。針に糸をかけて細編みの2目めに針を入れ、糸をかけて引き出します。

8 針に糸をかけて2ループを引き抜きます。さらに針に糸をかけて2ループを引き抜きます。

9 長編みが編めたところ。

10 鎖3目と長編み1目をくり返します。

11 最後は立ち上がりの鎖3目めに針を入れます。

12 こげ茶の糸を向こう側から針にかけ、ライトベージュの糸で引き抜きます。

13 2段めが編めました。

（裏側）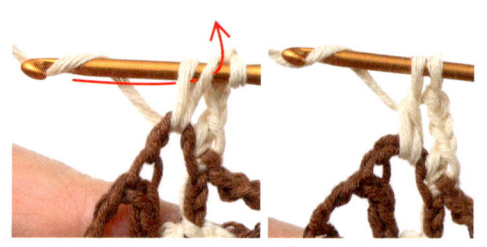

14 立ち上がりの鎖1目を編みます。続けて立ち上がりの鎖3目めに細編み1目と鎖3目を編みます。写真右は糸が渡った裏側の状態。

15 次に長編み3目の玉編みを編みます。針に糸をかけ、前段の鎖下の空間に針を入れて糸を引き出します。

16 針に糸をかけて2ループを引き抜きます。この状態を未完成の長編みといいます。**15**・**16**をくり返してあと未完成の長編を2目編みます。

17 針に糸をかけて4ループを一度に引き抜きます（写真左）。長編み3目の玉編みが編めたところ（写真右）。

18 鎖3目を編み、前段の長編みの頭に細編みを編みます。同様に記号図どおり編み進めます。

19 最後は1目めの細編みの頭に針を入れ、ライトベージュの糸を向こう側から針にかけ、こげ茶の糸で引き抜きます。

（裏側）

20 立ち上がりの鎖3目と鎖3目を編みます。長編み3目の玉編みの頭に細編みを編みます。

21 鎖3目を編み、細編みの頭に長編みを編みます。20・21をくり返して編みます。

22 最後は立ち上がりの鎖3目めに針を入れ、こげ茶の糸を向こう側から針にかけてライトベージュの糸で引き抜きます。写真右は裏側で糸が渡った状態。

5段め

23 4段めが編めました。

24 4段めの鎖下の空間に針を入れ、糸をかけて引き抜いて立ち上がりの鎖を編む目の位置を1目ずらします。

25 長編み、細編みは前段の鎖下の空間を拾って編みます。

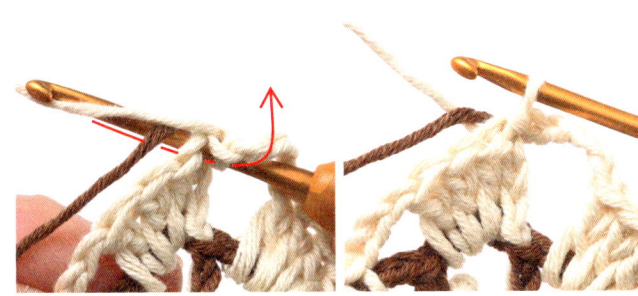

6段め

26 最後は立ち上がりの鎖3目めに針を入れ、こげ茶の糸を上に上げるために向こう側から針にかけ、ライトベージュの糸で引き抜きます。

27 5段めが編めました。次は目の位置を1目左へずらします。

28 長編みの頭に針を入れ、こげ茶の糸を針にかけてライトベージュで引き抜きます。

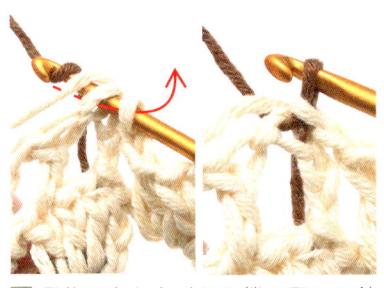

（裏側）

29 立ち上がりの目を編む位置が1目左にずれました。立ち上がりの鎖3目を編みます（写真左）。糸が裏側に渡った状態（写真右）。

30 鎖1目と長編みをくり返して編みます。

31 最後は立ち上がりの鎖3目めに針を入れ、ライトベージュの糸を向こう側から針にかけてこげ茶で引き抜きます。

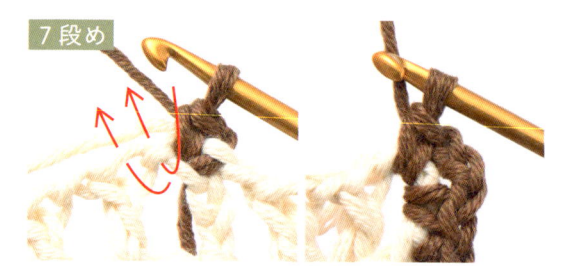

32 裏側にこげ茶の糸が渡った状態。
ライトベージュの糸を切ります。

33 6段めが編めました。

34 立ち上がりの鎖1目、細編みを編みます。次から
は鎖下の空間、長編みの頭に細編みをそれぞれ編
みます。角は鎖3目下の空間を拾って細編み1目
と鎖3目、細編み1目を編みます。

※見やすいように別色の糸を使用しています

35
最後は引き抜きの段差が目立たな
いようにとじ針で仕上げます。針
にかかったこげ茶の糸を約10cm
引き伸ばして糸を切ります。とじ
針に糸を通し、2目めの細編みに
手前から針を入れます。最後の目
に手前から針を戻します。

36 鎖1目の大きさになるように
糸を引きます。

37 糸始末をします。裏に返し、渡り糸とモチーフの糸
を割って針をくぐらせます。何目かくぐらせたら逆
向きにもくぐらせ、糸を切ります。

38 編み始めの糸も裏側で細編みの
足にくぐらせて糸始末をします。
ライトベージュの糸も同様に始
末します。

39 Cモチーフが編めました。

▶Dモチーフ

40 同じ要領でDモチーフを編みます。

▶Eモチーフ

1 段め

41 Cモチーフと同じ要領で目を作り、細編みを5目
編みますが、5目めの最後でこげ茶の糸を手前か
ら針にかけ、ライトベージュの糸で引き抜きます。

2段め

3段め

42 2段めは編み地を裏返して編みます。最後は長編みの最後の引き抜きをするときにライトベージュの糸を向こう側からかけ、こげ茶の糸で引き抜きます。

43 編み地を表に返して編みます。最後は細編みの最後の引き抜きをする時に、こげ茶の糸を手前からかけてライトベージュの糸で引き抜きます。

4段め

5段め

44 3段めが編めたところ。こげ茶の糸は切ります。

45 編み地を裏返して記号図どおり編みます。

46 編み地を表に返して編みます。最後は長々編みを編みます。針に糸を2回かけ、前段の立ち上がりの鎖3目めに針を入れて糸を引き出します。針に糸をかけて2ループを引き抜きます。

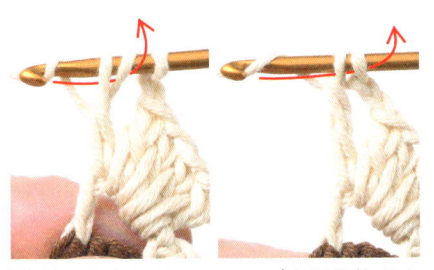

6段め

47 針に糸をかけて2ループを引き抜きます。さらに針に糸をかけて残りの2ループを引き抜きます。

48 長々編みが編めたところ。

49 5段めが編めました。

50 編み地を裏返して編みます。立ち上がりの鎖4目と鎖1目を編んだ後、長々編みの頭に針を入れて長編みを編みます。

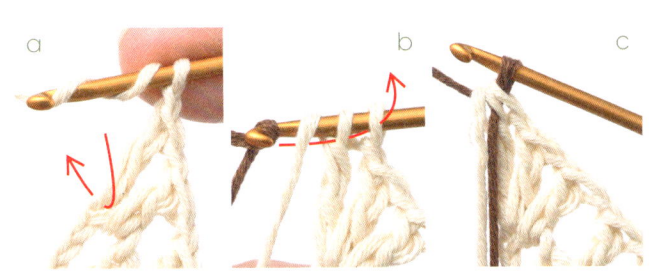

7段め

51 編み終わりは長編み1目・鎖1目のあとに長編みと同じ位置に長々編みを最後の引き抜き手前まで編みます（a）。ライトベージュの糸を向こう側からかけ、新たなこげ茶の糸で引き抜きます（b）。長々編みが編めたところ（c）。

52 ライトベージュの糸を切ります。6段めが編めました。

53 編み地を表に返して編みます。立ち上がり鎖1目を編み、長々編みの頭に針を入れます。

54 ライトベージュとこげ
茶の糸端を編みくるん
で細編みを編みます。

55 2本の糸を編みくる
みながら細編みを編
み進めます。

56 Eモチーフが編めました。こ
げ茶の糸を切り、目に通して
引き締めます。

57 同じ要領でFモチーフを編み
ます。

2. モチーフをはぐ

引き抜きはぎ

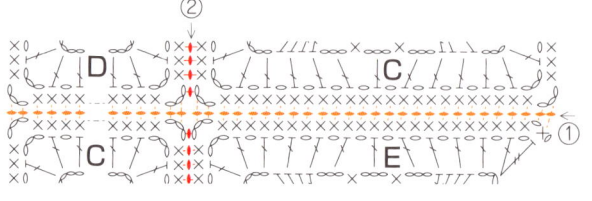

※ここでは4枚のモチーフで説明します。角の鎖は頭の糸2
本を拾いますが、拾いにくい場合は鎖を拾う時だけ針を1
号小さくすると良いでしょう。

※見やすいように別色の糸を使用しています

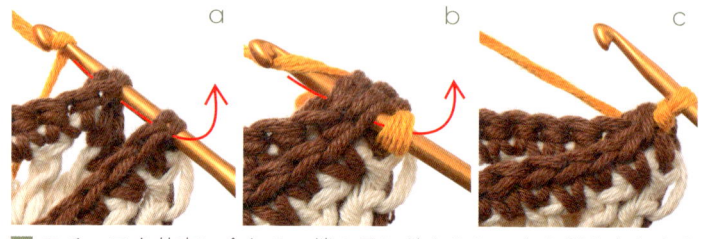
1 モチーフを外表に合わせ、端の目に針を入れて糸を引き出します
（a）。次の目に針を入れて引き抜きます（b）。1目引き抜いたとこ
ろ（c）。続けて次の目から1目ずつ引き抜きます。

2 途中まで引き抜きはぎをし
たところ。

3 鎖編みの位置は鎖の頭の糸2本を拾って引き抜きま
す。次のモチーフの角も鎖の2本を拾います。

4 一方向につないだところ。

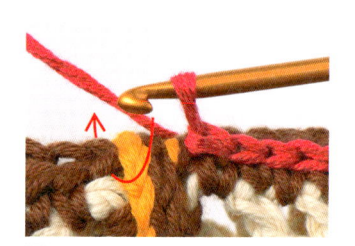
5 もう一方向を引き抜きはぎ
でつなげます。4枚のモチ
ーフが交差する位置は矢印
の位置に針を入れます。

6 先につないだ引き抜き編みをまたぐように引き抜
きます。

7 1目ずつ引き抜きます。

8 残りの一方向をつないだところ。

9 引き抜きはぎでモチーフがつなぎ合わせられました。肩の▲は柄を合わせて目立たないようにかがります。

3. 裾、えりぐり、袖口を編む

※裾の拾い方を説明しますが、えりぐり、袖口も同じ要領で拾い、細編みを編みます。

1 脇の細編みの頭に針を入れて糸を引き出します（a）。さらに針に糸をかけて引き抜きます（b）。糸端を引いて糸がついたところ（c）。

2 立ち上がりの鎖1目と細編みを編みます。

3 モチーフの立ち上がりの鎖4目と長々編みには各4目、立ち上がりの鎖3目には各3目の細編みを空間に針を入れて編みます。

4 モチーフ中央の最後は細編みの頭を拾って細編みを編みます。

5 中央から反対側は対称の位置に細編みを編みます。モチーフ1枚から細編みを32目拾います。

6 P.10の **35**・**36** と同じ要領で編み始めと編み終わりをつなぎます。残りの糸端の始末をします。

完成！

13

あとからつなぐ
モチーフつなぎのプル

作品 no.1, 2 ▶▶▶ 4・6 ページ

材料と用具

糸 1 DMC　ナチュラ（50g巻・約155m…中細タイプ）のN36（ライトベージュ）を275g（6玉）、N11（黒）を270g（6玉）

糸 2 DMC　ナチュラ（50g巻・約155m…中細タイプ）のN87（ミントグリーン）を515g（11玉）

針 1・2共通　4/0号かぎ針

ゲージ

1・2共通　モチーフの大きさは図参照

でき上がり寸法

1 胸回り 112cm　着たけ 49.5cm　ゆきたけ 70.5cm

2 胸回り 112cm　着たけ 56cm　ゆきたけ 56.5cm

編み方要点

1 モチーフは糸輪の作り目をし、1は配色で編みます。モチーフは指定枚数編みます。

2 指定のモチーフを配置し、外表に合わせて引き抜きはぎで合わせます。

3 肩はえりぐりあきどまりの残りのF・Bモチーフを目立たないようにかがります。

4 えりぐり、袖口は細編みで整えます。1の裾は細編み、2の裾は引き抜き編みを編みます。

1・2 前後身頃・袖　モチーフつなぎ

◆作品1・2は編み図を同時に表示してあります。裾、袖口のモチーフが異なりますので確認してから編み始めてください。

●作品1の詳しい編み方は7ページからの「編みもの教室」を参照してください

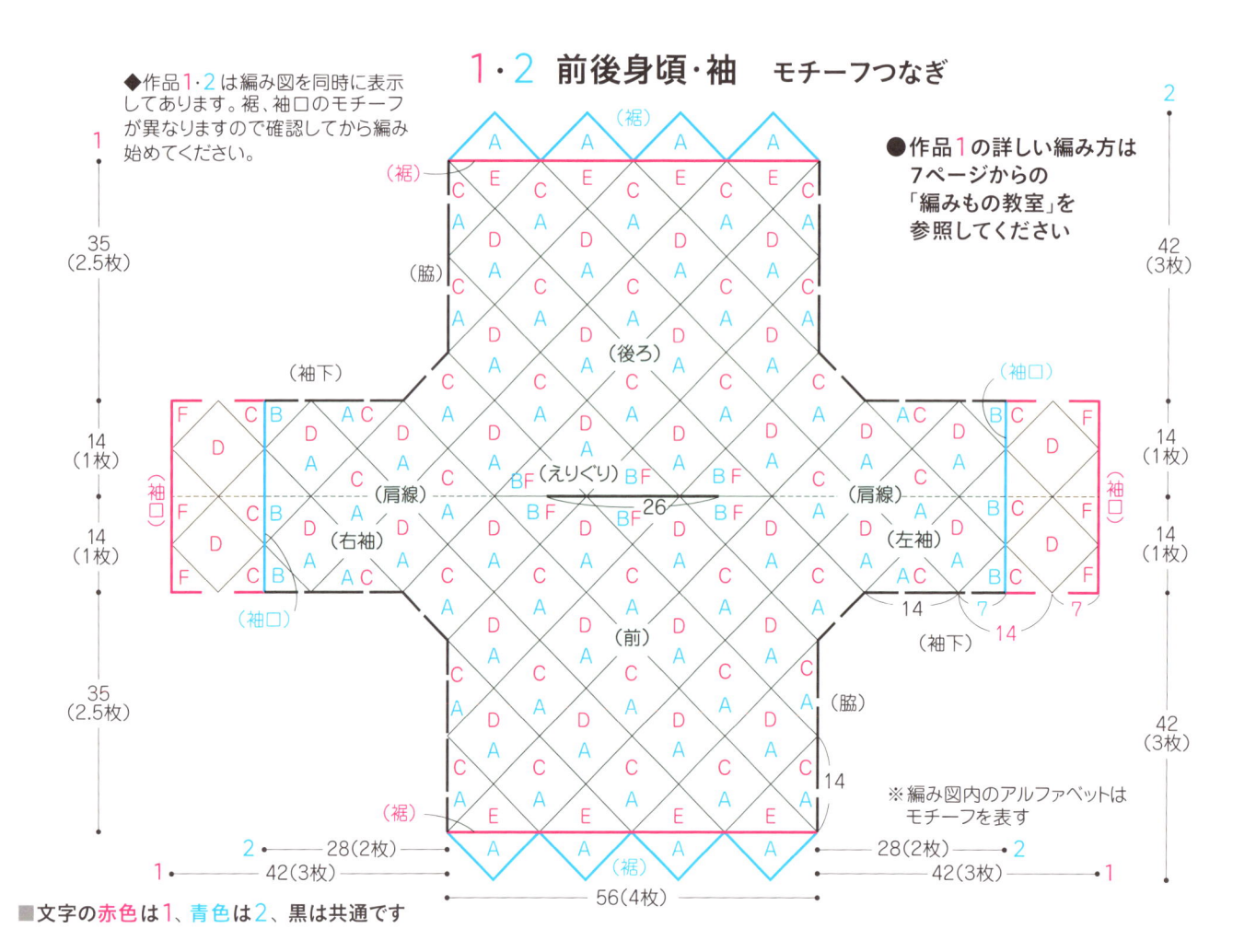

※編み図内のアルファベットはモチーフを表す

■文字の赤色は1、青色は2、黒は共通です

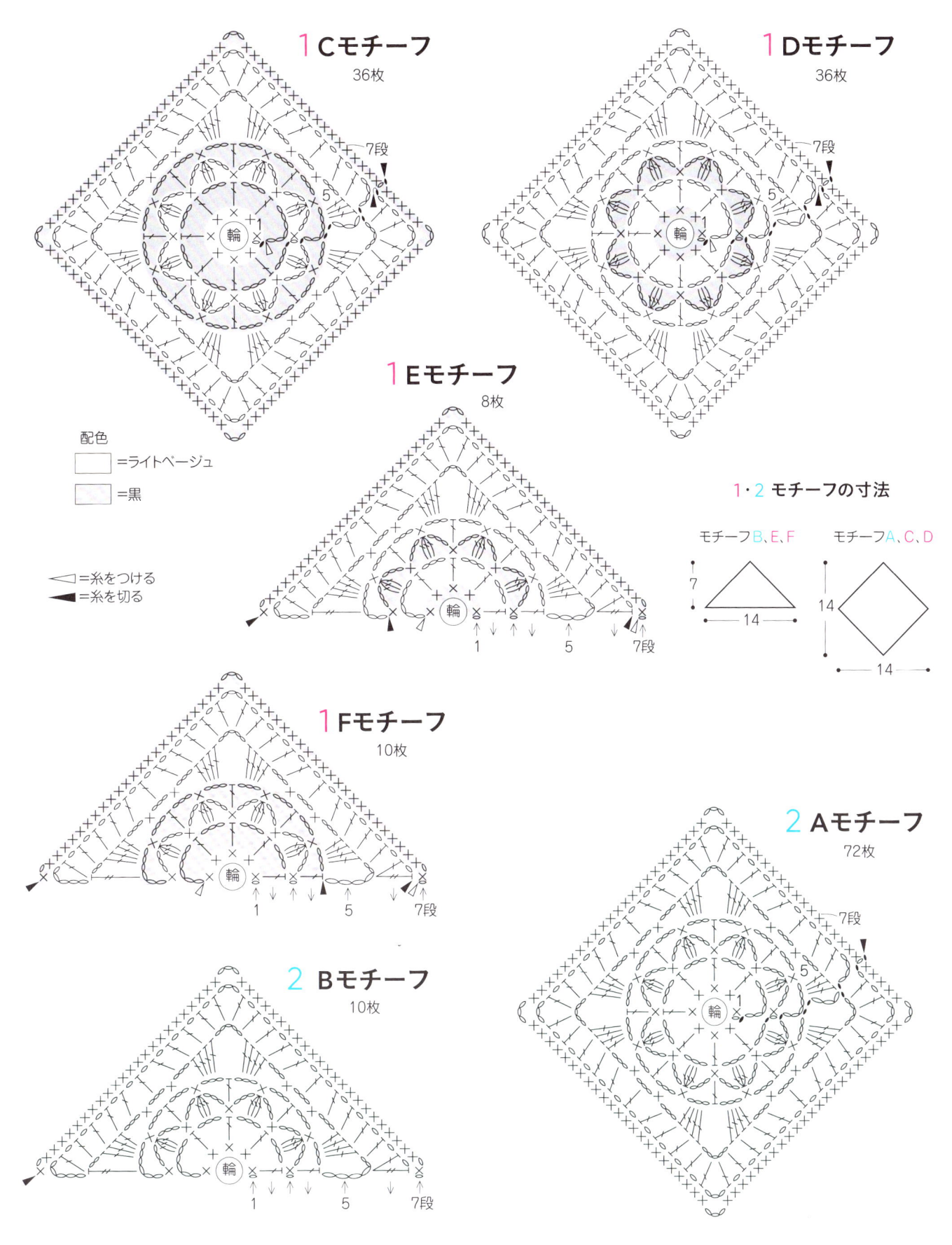

1 Cモチーフ 36枚

7段
5
輪 1

1 Dモチーフ 36枚

7段
5
輪 1

配色
□ =ライトベージュ
□ =黒

◁ =糸をつける
◀ =糸を切る

1 Eモチーフ 8枚

輪
1　5　7段

1・2 モチーフの寸法

モチーフB、E、F　　モチーフA、C、D

7　14　14

14

1 Fモチーフ 10枚

輪
1　5　7段

2 Aモチーフ 72枚

7段
5
輪 1

2 Bモチーフ 10枚

輪
1　5　7段

15

1・2 モチーフの引き抜きはぎの編み方向

※①、②の順に編みつなぐ
※1は黒でつなぐ

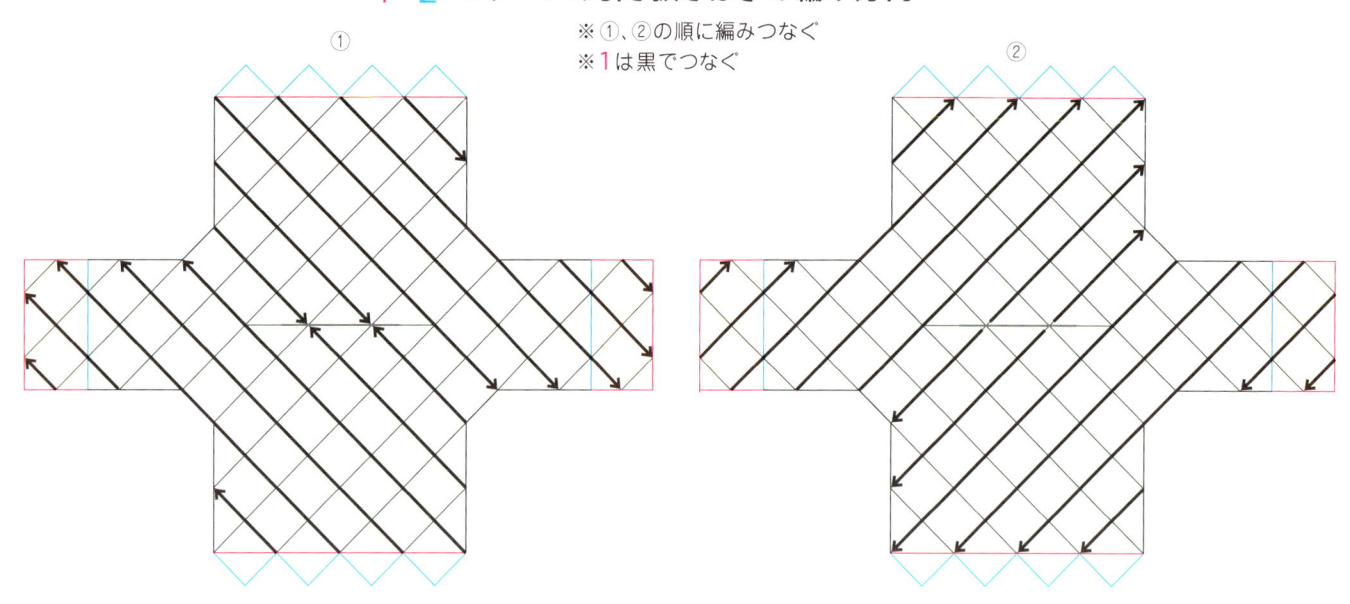

① ②

1 裾、えりぐり、袖口　細編み　黒

2 えりぐり、袖口　細編み
裾　引き抜き編み

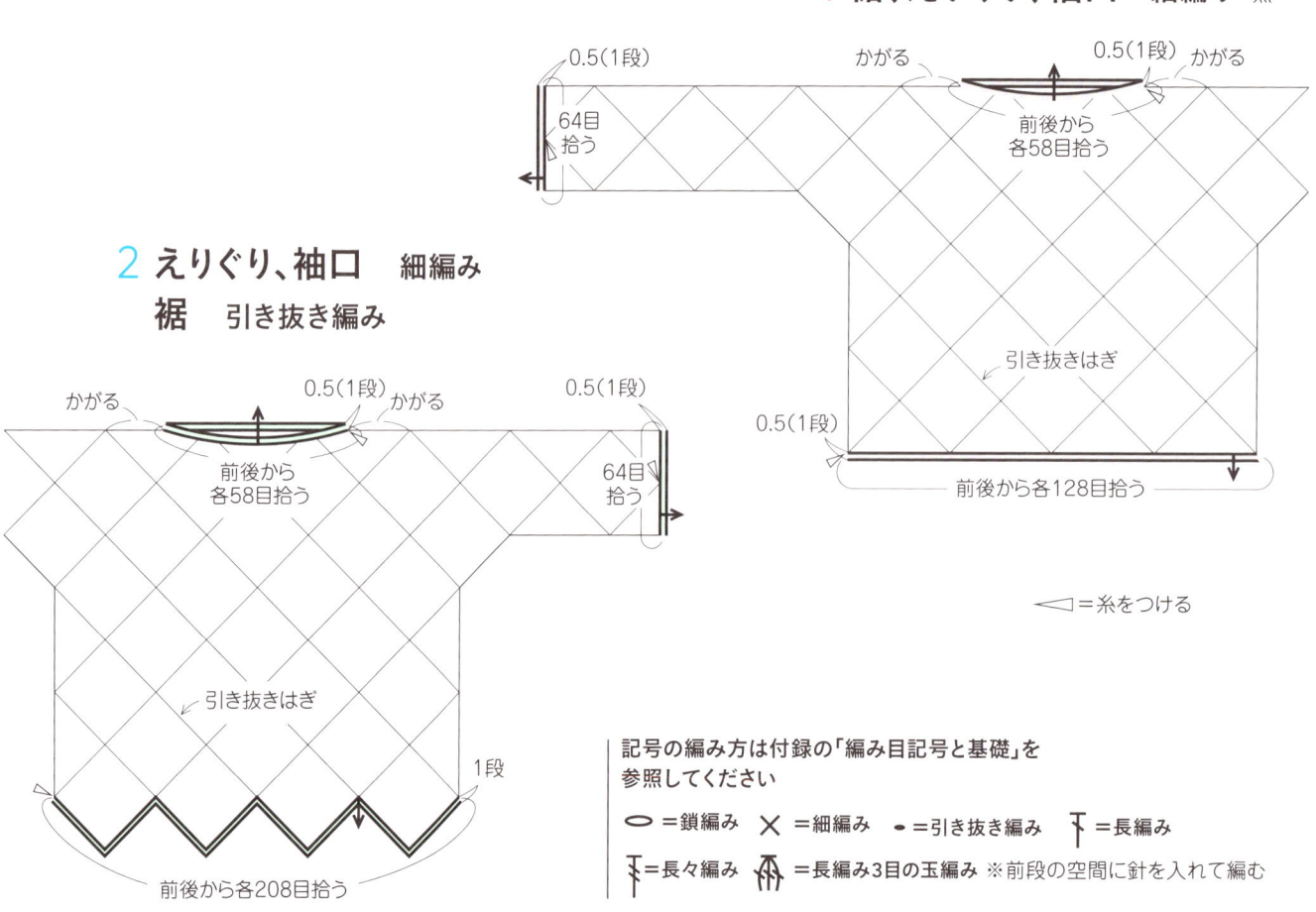

0.5(1段)　かがる　0.5(1段)　かがる

64目拾う

前後から各58目拾う

引き抜きはぎ

0.5(1段)　前後から各128目拾う

かがる　0.5(1段)　かがる　0.5(1段)

前後から各58目拾う

64目拾う

引き抜きはぎ

1段

前後から各208目拾う

◁＝糸をつける

記号の編み方は付録の「編み目記号と基礎」を参照してください

⬭＝鎖編み　✕＝細編み　•＝引き抜き編み　𝖳＝長編み

𝖳＝長々編み　⋔＝長編み3目の玉編み　※前段の空間に針を入れて編む

■文字の赤色は1、青色は2、黒は共通です

1・2 えりぐりの編み方図 細編み

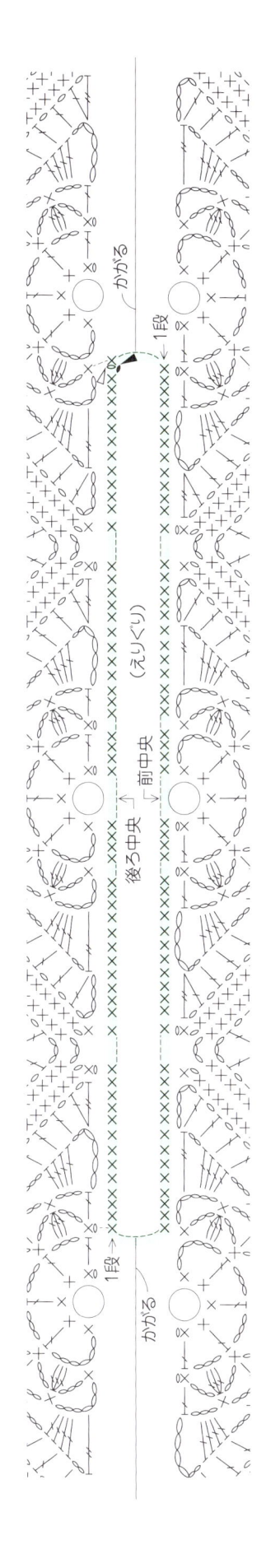

1 裾、袖口と2 袖口の編み方図　※裾、袖口は同じ要領で拾う

細編み

引き抜き編み

2 裾の編み方図　※角は鎖編みが入るので注意する

□＝糸をつける
◆＝糸を切る

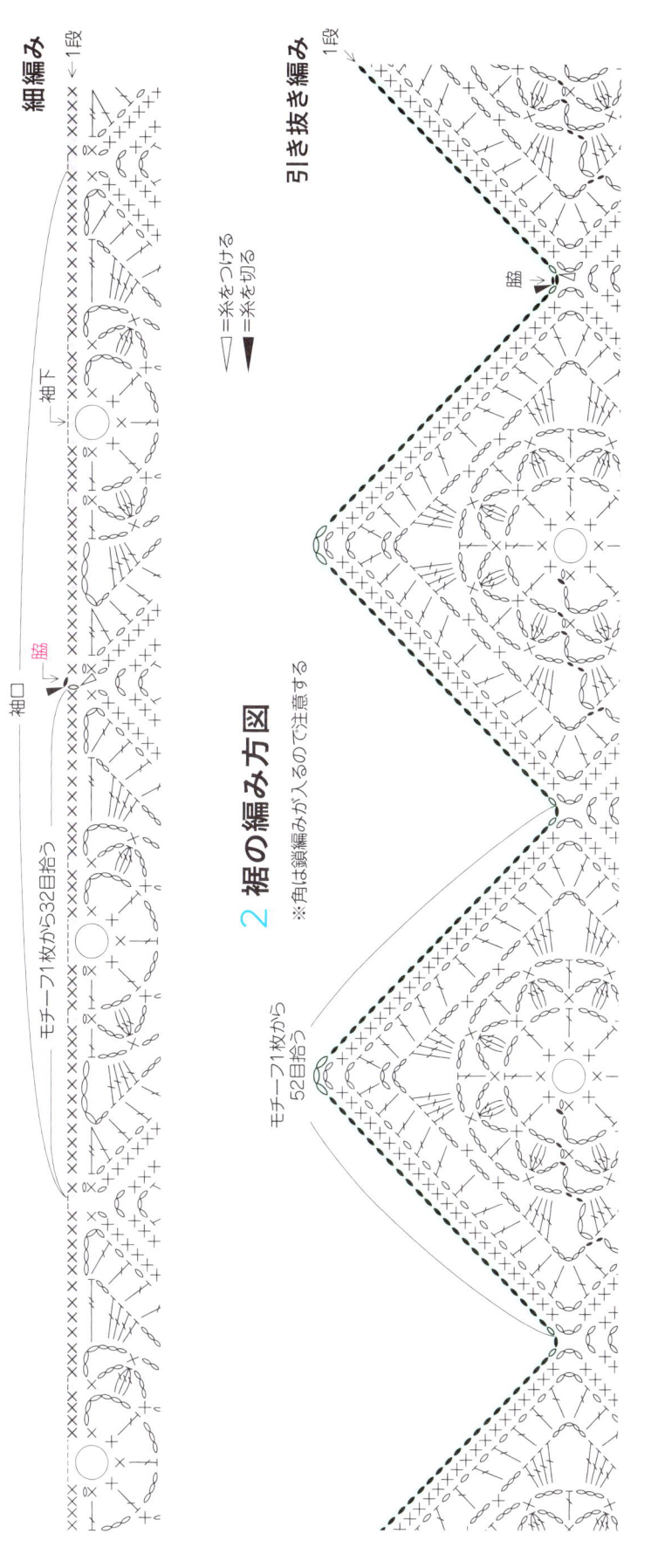

17

透かし模様の
レイヤードプル

デザイン_ 河合真弓　編み図_28ページ

no.3

透け感を楽しむ総透かし模様のレイヤードプル。
ベースは、鎖編みと長々編みのくり返し模様だから編
みやすくてかんたん。取り外し自由なボタンどめの袖
が、着こなしの幅を広げる個性的で賢いデザインです。

袖つきのプレーンな着方から、袖山のボタンだけ外したモードな着方、袖を外してベストで着たりと、着こなしのバリエーションが楽しめる表情豊かな一枚。シックな黒のセレクトもおしゃれです。

使用糸／スキー毛糸　スキーフローレン

variation

no.4

　作品3と基本は同じ編み方で袖たけを短く、着たけは長くして脇スリットあきにしたチュニックタイプ。秋冬シーズンに似合う鮮やかなレンガ色も素敵です。

使用糸／スキー毛糸
　　　　スキーフローレン

透かし模様の レイヤードプル

guidance／河合真弓
photos／本間伸彦

● 本誌18ページ、作品3の詳しい編み方を解説します。編み図は28ページにあります。作品はスキーフローレンの黒を使用していますが、プロセスではグレー（2932）を使用してします。またポイントでは別色の糸を使用しています。

用具をそろえる

❶ 6/0号かぎ針
❷ マーカー
　（糸印のかわりに
　あると便利）
❸ はさみ
❹ とじ針（糸始末用）

※ 糸のかけ方と針の入れ方は写真のほか「編み目記号と基礎」（P.138〜143）も併せて参照してください。

1. モチーフを編む

目を作る─鎖編みの作り目（P.138）

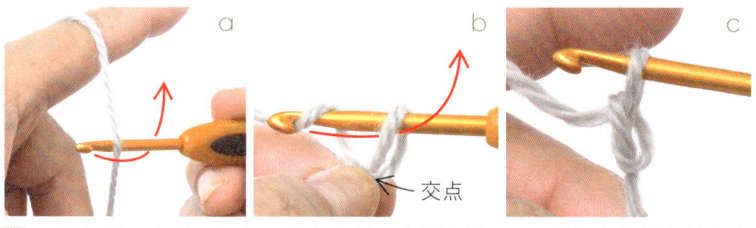

交点

1 人差し指に糸玉のほうの糸をかけ、糸端を約10cm残した位置を持ちます。かぎ針を糸の向こう側におきます。針を手前に引き、矢印のように回して輪を作ります（a）。交点を中指と親指で押さえ、針に糸をかけて引き出します（b）。引き出したところ（c）。

2 糸端を下に引いて作り目ができましたが、この目は1目と数えません。もう一度針に糸をかけて引き出します。鎖編み1目が編めました。

模様編みを編む─長々編み（P.139）

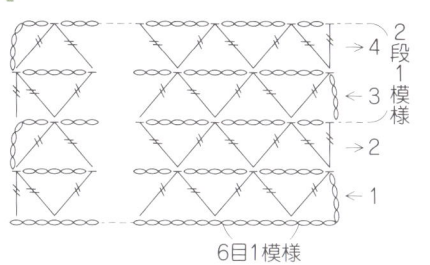

2段
1模様

4
3
2
1

6目1模様

3 **2**をくり返して鎖の目を133目作ります。

1段め

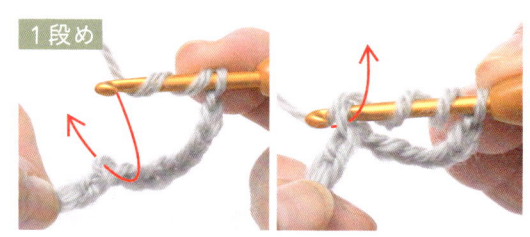

1 立ち上がりの鎖4目を編みます。針に糸を2回巻き、8目めの裏山に針を入れます。針に糸をかけて糸を引き出します。

21

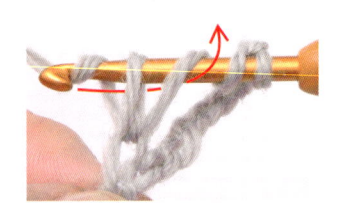  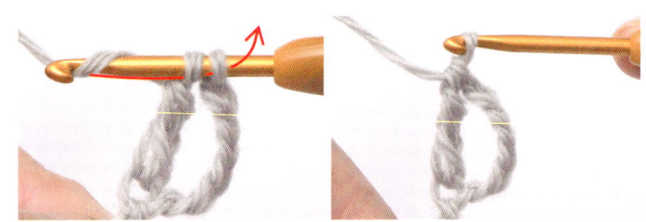

2 針に糸をかけて針にかかっている 2 ループを引き抜きます。

3 もう一度針に糸をかけ、2 ループを引き抜きます。

4 さらに針に糸をかけて残りの 2 ループを引き抜きます。長々編みが編めました。立ち上がりの鎖と長々編みの 2 目一度になります（写真右）。

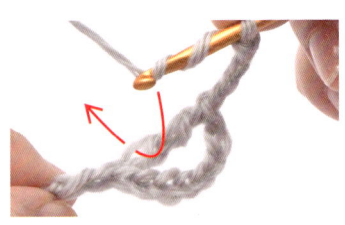 

5 鎖 5 目を編み、次に長々編みの 2 目一度を編みます。針に糸を 2 回かけ、長々編みと同じ位置に針を入れます。

6 糸を引き出し、針に糸をかけて 2 ループを引き抜きます（a）。もう一度針に糸をかけて 2 ループを引き抜きます（b）。この状態が未完成の長々編みになります（c）。

 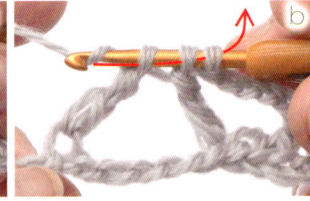  

7 5 目とばした 6 目めに未完成の長々編みを編みます（a）。針に糸をかけて針にかかっている 3 ループを引き抜きます（b）。長々編みの 2 目一度が編めました（c）。

8 5・6・7 をくり返して編みます。数模様編んだところ。

9 1 段め最後は作り目の 4 目めに未完成の長々編みを編みます。

10 2 目とばして作り目の 1 目めに未完成の長々編みを編みます。針に糸をかけて残りの 3 ループを引き抜いて長々編みの 2 目一度を編みます。

11 1 段めが編めました。

2 段め

12 立ち上がりの鎖 4 目を編み、矢印のように編み地を半時計回りで裏に返します。

13 鎖 2 目を編み、前段の長々編み 2 目一度の頭に未完成の長々編みを編みます。5 目とばして次の長々編み 2 目一度の頭に未完成の長々編みを編みます。

14 針に糸をかけて残りの 3 ループを引き抜いて長々編みの 2 目一度を編みます。

[15] 鎖 5 目と長々編みの 2 目一度をくり返します。

[16] 数模様編んだところ。同じ要領で 15 段まで編みます。

[17] 15 段まで編んだら、袖つけどまりにマーカーをつけ、続けてあと 10 段編みます。

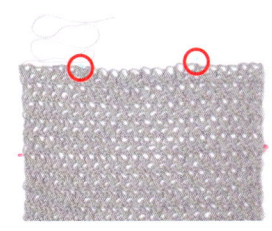

[18] 10 段めまで編めたら最後の目を引き伸ばし、肩幅の約 5 倍の糸を残して糸を切り、糸を引き出します。えりぐりのあきどまりにマーカーをつけておきます。

[19] 後ろ身頃が編めました。前身頃も同形に編みます。

2. 袖を編む

鎖 97 目を作り、身頃と同様に増減なく 17 段編みます。同形に 2 枚編みます。

▶糸のかえ方　★編み地の端で糸をかえます

表の段

[1] 最後の引き抜きをする時に、今まで編んできた糸を針に手前側から向こう側にかけ、新しい糸を針先にかけて引き抜きます。

裏の段

[2] 最後の引き抜きをする時に、今まで編んできた糸を針に向こう側から手前側にかけ、新しい糸を針先にかけて引き抜きます。

3. 肩をはぐ

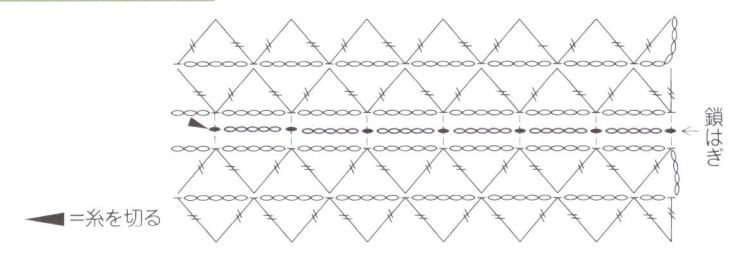

鎖はぎ

◀ =糸を切る

[1] 前後身頃の肩を中表に合わせ、肩で残した糸を使ってはぎ合わせます。

[2] 最終段の頭の糸 2 本ずつに針を入れ、針に糸をかけて引き出します。

[3] もう一度針に糸をかけて糸を引き抜きます。引き抜き編みが 1 目編めて前後の肩端 1 目がつながりました。

4 鎖5目を編み（a）、長々編み2目一度の頭どうしに針を入れ、糸をかけて（b）、引き抜きます（c）。

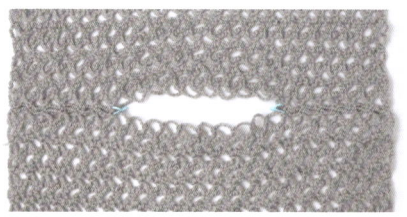

5 鎖5目と引き抜き編みをくり返します。

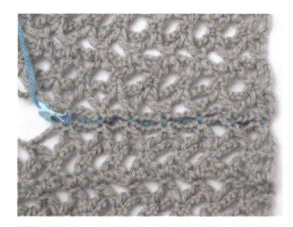

6 えりぐりのあきどまりまではぎ合わせたら、もう一度糸をかけて引き抜き、糸を切って目を引き締めます。

7 表から見たところ。両肩をはぎ合わせます。

8 両肩がつながりました。

4. 脇、袖下をとじる

鎖とじ（P.142）

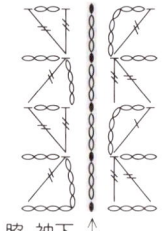

脇、袖下 ↑

1 前後身頃を中表に合わせ、裾、袖下からそれぞれとじていきます。

2 作り目の鎖どうしに針を入れ、針に糸をかけて糸を引き出します（糸をつける）。

3 針に糸をかけて引き抜きます。

4 鎖3目を編みます（a）。糸端を添わせて長々編みの頭に針を入れ（b）、針に糸をかけて引き抜きます（c）。糸端を編みくるみながら袖は袖下、身頃は袖つけどまりまでくり返します。

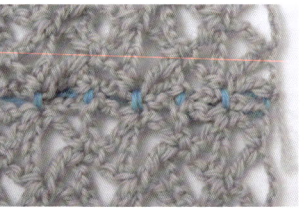

5 途中までとじ合わせたところ。写真右は表から見たところ。

身頃（裏）

袖（裏）

6 身頃の前後、袖下がそれぞれつながりました。

5. えりぐりを編む

細編み（P.138）

後ろへ続く ← 3段 2 37目（肩） ← 1 ← 10段

1段め

1 前身頃左肩の長々編み2目一度の頭に針を入れ、針に糸をかけて引き出して糸をつけます。

2 立ち上がりの鎖1目を編みます。1段めは細編みを編みます。

 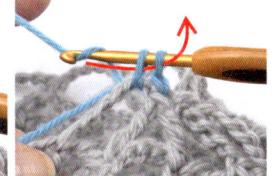

3 鎖5目の下の空間に針を入れ、針に糸をかけて引き出します（束に拾う）。針に糸をかけて2ループを引き抜きます。この時、糸端を添わせて一緒にすくいます。

4 細編みが編めたところ（鎖編みと糸端を編みくるんだ状態）。

5 3をくり返し、糸端を編みくるみながら細編みをあと4目編みます。

6 長々編み2目一度の頭を拾って細編みを1目編みます。

 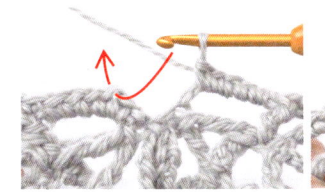 

7 鎖編みから5目、長々編み2目一度から1目の細編みを前後続けて編みます。

8 1段めの最後まで編んだら1目めの細編みの頭に針を入れ、糸をかけて引き抜きます。

9 1段めが輪につながりました。

2段め

10 編み地を裏に返し、立ち上がりの鎖1目を編みます。

11 前段の細編みの頭を拾って細編み1目を編みます（写真左）。鎖1目を編みます（写真右）。

12 1目とばして細編み1目、鎖1目をくり返して編みます。

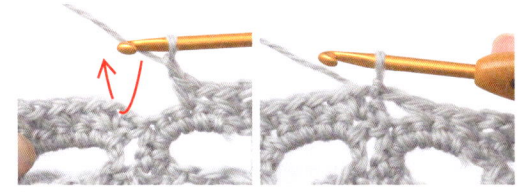

13 2段め最後の鎖まで編んだら1目めの細編みに引き抜きます。

3段め

 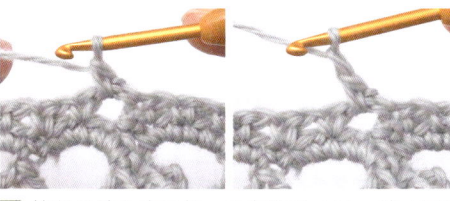

14 編み地を表に返し、立ち上がりの鎖1目を編みます。

15 前段の鎖を束に拾って細編み1目、鎖1目を編みます。細編み1目、鎖1目をくり返して編みます。

 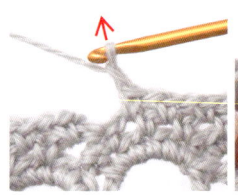  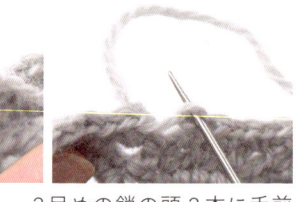

16 途中まで編んだところ。

17 最後の鎖まで編んだら約10cm残して糸を切り、糸端を引き抜きます。次にとじ針で3段めを輪にとじます。

18 とじ針に糸を通し、2目めの鎖の頭2本に手前側から針を通します。次に最後の鎖に手前から針を戻します。

19 1目の大きさになるように糸を引きます。

20 裏に返し、1目めの細編みの足に針を通します。

21 編み終わり側の細編みの足に数目くぐらせます（a）。逆向きにもくぐらせ（b）、余った糸端を切ります（c）。

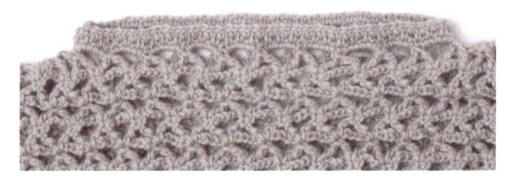

22 えりぐりが編めました。

▶ 糸始末の仕方

 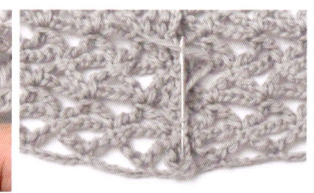

編み地の裏を見て糸始末をします。とじ針に糸を通してとじ・はぎをした鎖の半目に数目くぐらせます。1目戻ったところからもう一度数目くぐらせて糸を切ります。

6. 裾、袖口、袖肩側を編む

1 裾は脇、袖口と袖肩側は袖下の端の目に糸をつけ、えりぐりと同じ要領で輪の往復編みで縁編みを3段編みます。裾は31ページ、袖口、袖肩側は30ページを参照して拾い目をします。

2 裾（写真左）、袖口、袖肩側（写真右）の縁編みが編めました。

7. 袖あきを編む

※肩を境に対称に拾う

1段から4目拾うことを20回くり返す

—3段
2
—1

↓10段　↑5　↑1　15段

1 1段めの長々編みの足に針を入れて糸をつけ、立ち上がりの鎖1目を編みます。長々編みの足を束に拾い、細編みを編みます。この時糸端も編みくるみます。

2 同様にあと2目細編みを編みます。長々編みの頭に細編みを1目編みます。

3 束に3目と頭から1目をくり返して拾って編み、肩から先は対称に拾って編みます。えりぐりと同じ要領で3段まで編みます。

4 袖あきが編めました。

8. 袖あきにボタンをつける

ボタンのつけ方 (P.143)

1 とじ針に糸を通し、糸端に糸玉を作ります。ボタン裏から表、裏にとじ針を戻して糸玉に通します。

2 ボタンつけ位置の編み地をすくい、裏からボタン穴に通します。

3 もう一度ボタンに糸を通し、編み地をすくいます。

4 ボタン裏に3回ほど糸を巻いて足を作ります。

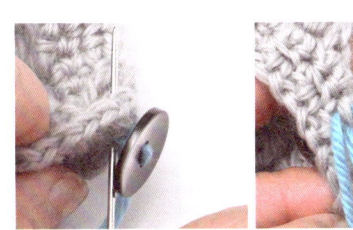

5 とじ針を編み地の裏に出して糸を結びます。

6 編み地に数目くぐらせ、数目戻して糸を切ります。

7 袖あきにボタンがつきました。

8 左右の袖あき指定位置にボタンをつけます。

9 袖肩側の編み地の空間をボタン穴として利用し、袖あきのボタンをはめます。

完成！

お好みで袖肩側のボタンを外したり、ベストとして着用することもできます。

透かし模様のレイヤードプル

作品 no.3,4 ▶▶▶ 18・20ページ

材料と用具

糸 3 　スキー毛糸　スキーフローレン（40g巻・約77m
　　　…並太タイプ）の2945（黒）を405g（11玉）

糸 4 　スキー毛糸　スキーフローレン（40g巻・約77m
　　　…並太タイプ）の2937（レンガ色）を425g
　　　（11玉）

針 　　3・4共通　6/0号かぎ針
付属品　3・4に直径1.5cmのボタンを各20個

ゲージ 10cm四方

3・4共通　模様編み 25.5目 5.5段

でき上がり寸法

3　胸回り 104cm　着たけ 47.5cm　ゆきたけ 60cm
4　胸回り 104cm　着たけ 62.5cm　ゆきたけ 53cm

編み方要点

1　後ろ、前ともに**鎖編みの作り目**をし、模様編みを編みます。
　4は8段編んだら両端に3目の作り目をします。肩まで
　増減なく編みますが、袖つけどまりとえりぐりに糸印を
　つけます。
2　袖は身頃と同じ要領で増減なく編みます。
3　肩は鎖はぎ、脇、袖下は**鎖とじ**でそれぞれ合わせます。
4　えりぐり、袖あき、3の裾、袖の肩側と袖口は縁編みを輪
　の往復で編みます。4の裾、スリットは縁編みを往復に編み、
　スリットの上端を身頃に巻きかがります。
5　袖あきに**ボタンをつけ**、袖の肩側縁編みの空間をボタン
　穴として使用します。
6　スチームアイロンをあてて、形を整えます。

●作品**3**の詳しい編み方は**21ページ**からの
　「**編みもの教室**」を参照してください

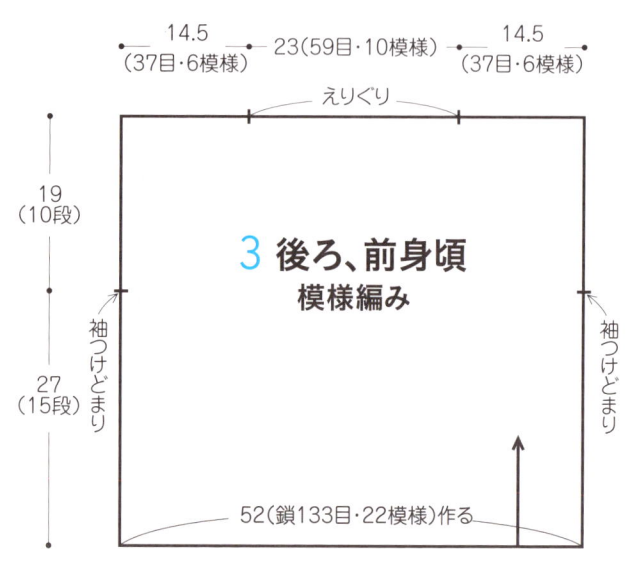

14.5
（37目・6模様）　23（59目・10模様）　14.5
（37目・6模様）

えりぐり

19
（10段）

3 後ろ、前身頃
模様編み

袖つけどまり

27
（15段）

52（鎖133目・22模様）作る

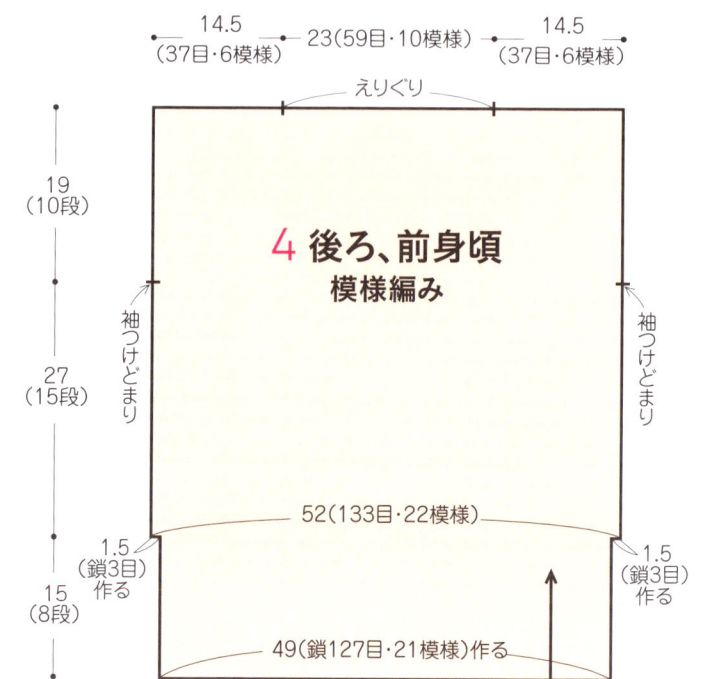

14.5
（37目・6模様）　23（59目・10模様）　14.5
（37目・6模様）

えりぐり

19
（10段）

4 後ろ、前身頃
模様編み

袖つけどまり

27
（15段）

52（133目・22模様）

1.5
（鎖3目）
作る

15
（8段）

49（鎖127目・21模様）作る

1.5
（鎖3目）
作る

■文字の青色は3、赤色は4、黒は共通です

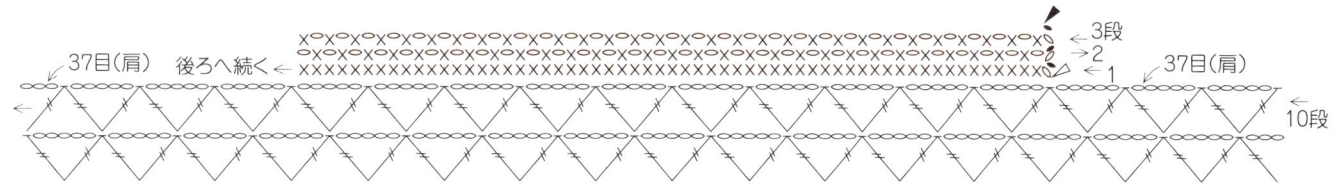

3・4 後ろ、前身頃の編み方図

◁ =糸をつける
◀ =糸を切る

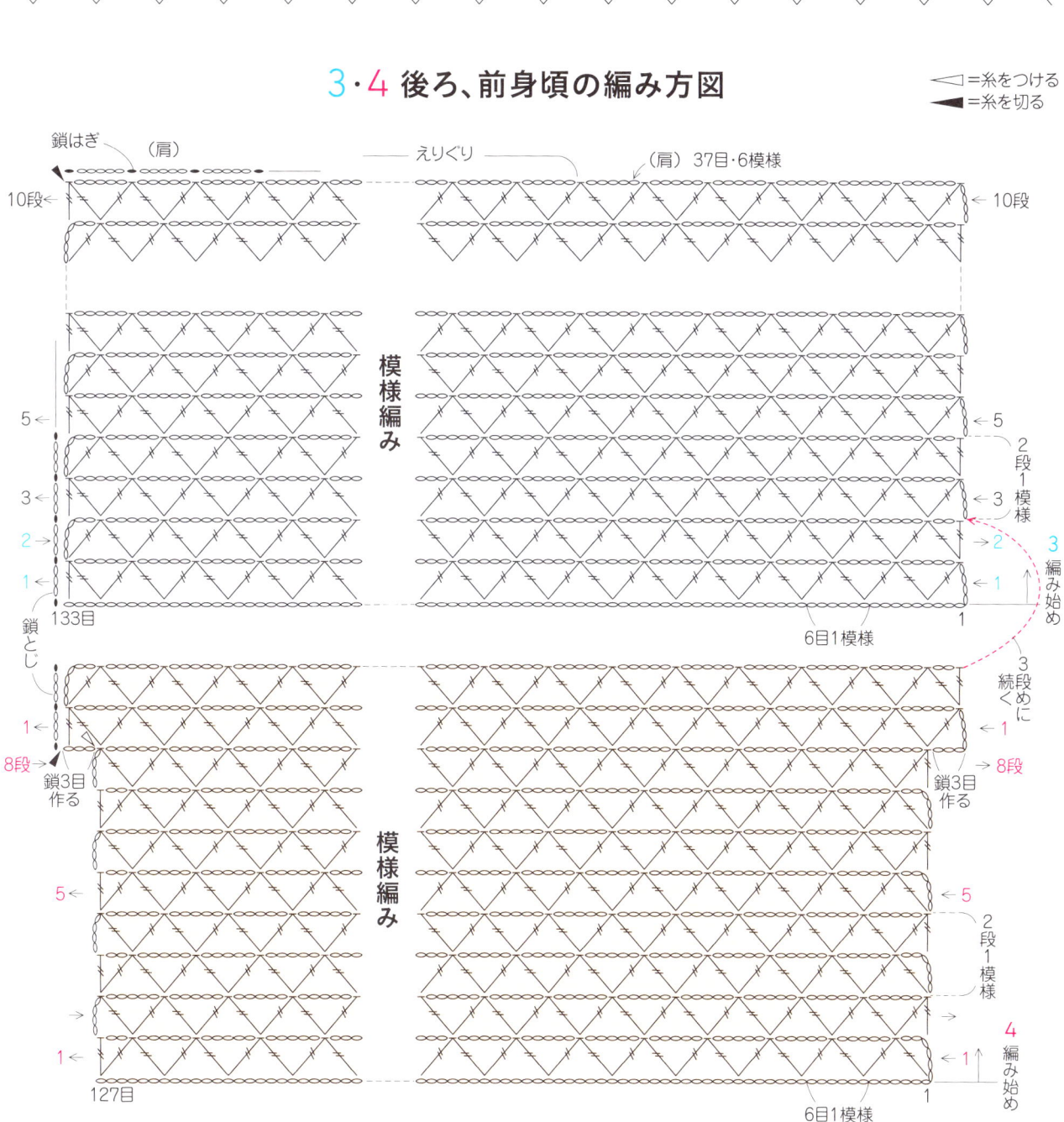

記号の編み方は「編み目記号と基礎」を参照してください

◯ =鎖編み   ⊤ =長々編み   • =引き抜き編み
✕ =細編み

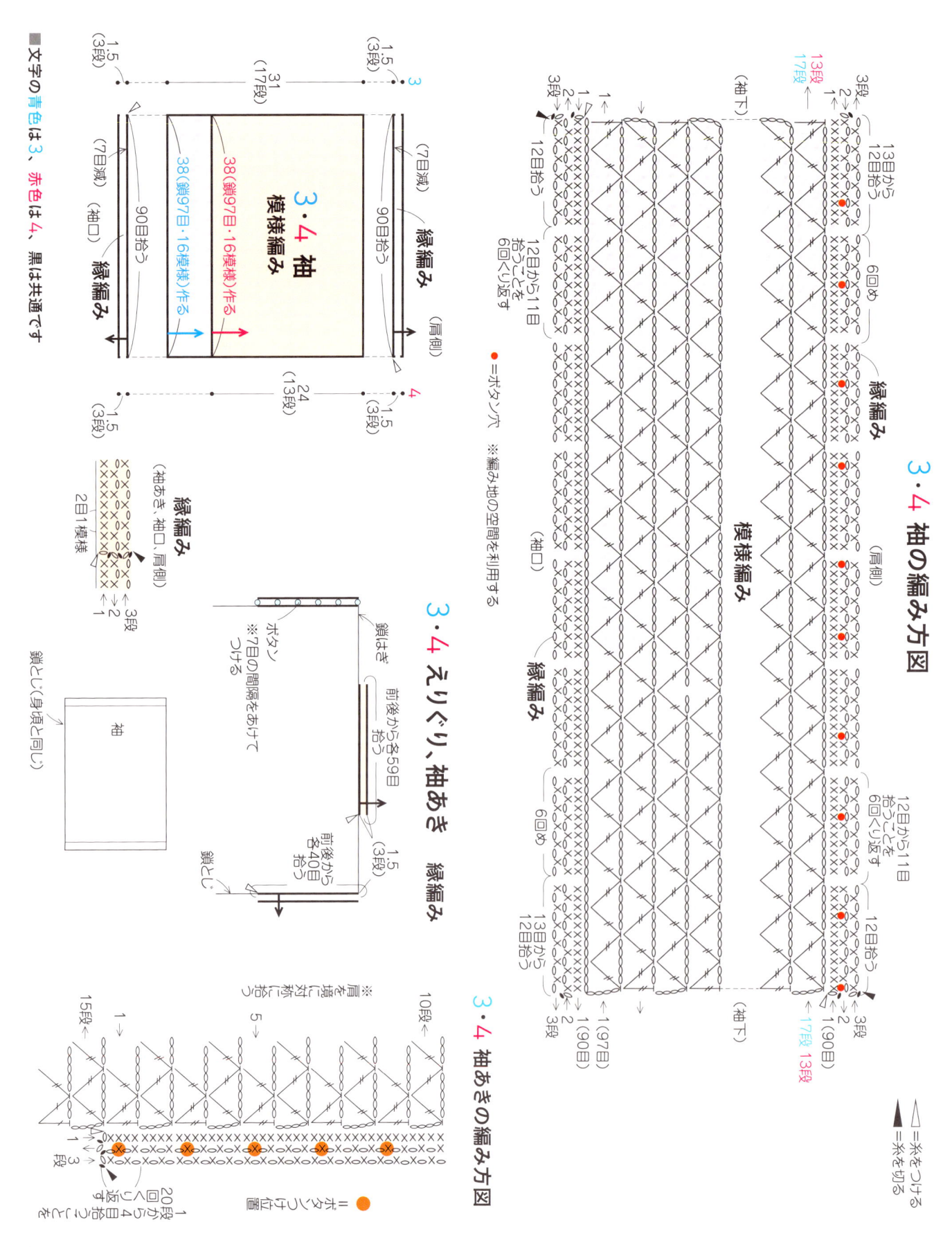

4 裾、スリット　縁編み

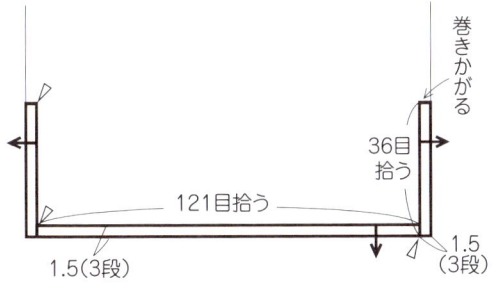

巻きかがる

36目
拾う

121目拾う

1.5(3段)

1.5
(3段)

4 縁編み（裾）

3段
2
1

2目1模様

4 スリットの編み方図

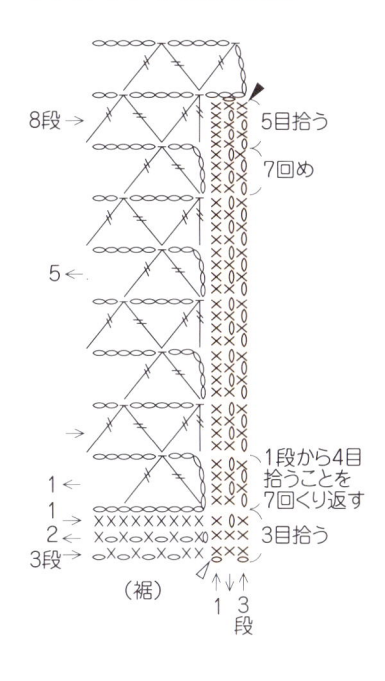

8段→

5目拾う

7回め

5→

1←
1
2←
3段

1段から4目
拾うことを
7回くり返す

3目拾う

（裾）

1　3
段

3 裾　縁編み

前後から各128目拾う

1.5
(3段)

3・4 縁編み

（3・4 えりぐり、3 裾）

3段
2
1

2目1模様

4 裾の編み方図

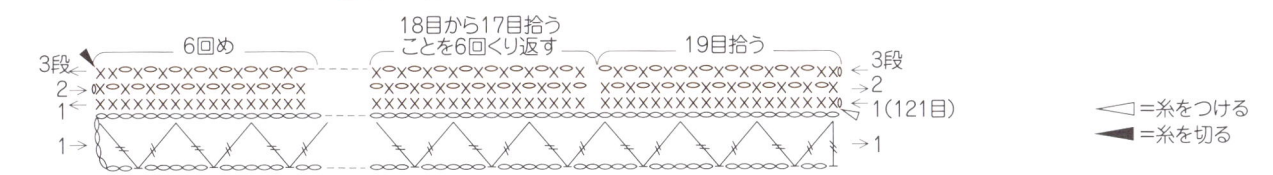

6回め

18目から17目拾う
ことを6回くり返す

19目拾う

3段
2
1
1

3段
2
1(121目)
1

◁＝糸をつける
◀＝糸を切る

3 裾の編み方図

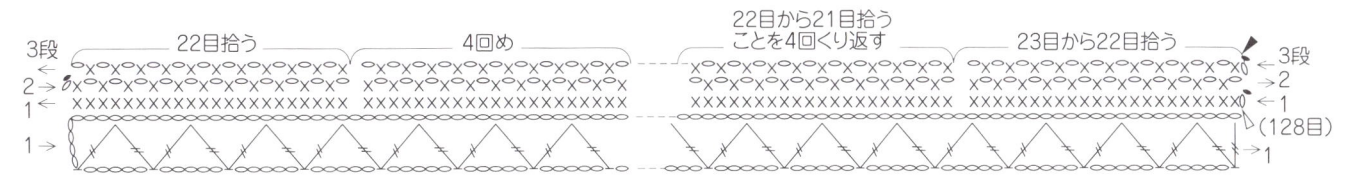

22目拾う

4回め

22目から21目拾う
ことを4回くり返す

23から22目拾う

3段
2
1
1

3段
2
1
(128目)
1

はじめの一枚におすすめの
基礎編みのかんたんプル

デザイン_ 河合真弓　編み図_40ページ

no. 5

長編みと鎖編み、細編みというかぎ針の基本の編み地で、しかも増減なしで編めるまっすぐ編みのプル。初心者にもおすすめの一枚です。糸は、ソフトで編みやすい上質のメリノウール。

使用糸／DMC　ウーリー

no. 6

作品5と同じ編み方で夏糸のストレートヤーンを使用し、半袖のサマーセーターに。清涼感あるミントブルーがさわやかです。透かしの方眼編みと長編みのバランスがおしゃれで着やすいデザイン。

使用糸／DMC　ナチュラ

variation

no. 7

シックでスタイリッシュな黒
のチュニック。インナーも黒で
統一してモードな雰囲気に着こ
なしましたが、組み合わせる色
合いにより透け感の表情と印象
が変わります。糸は、着心地さ
わやかなコットン100％素材。

使用糸／DMC　ナチュラ

guidance／河合真弓
photos／本間伸彦

はじめの一枚におすすめの
基礎編みのかんたんプル

● 本誌32ページ、作品5の詳しい編み方を解説します。編み図は40ページにあります。またポイントでは別色の糸を使用しています。

用具をそろえる

❶ 5/0号かぎ針
❷ 4/0号かぎ針
❸ はさみ
❹ マーカー（糸印のかわりにあると便利）
❺ まち針（袖つけ用） ❻ とじ針（とじ、糸始末用）

※ 糸のかけ方と針の入れ方は写真のほか「編み目記号と基礎」（P.138〜143）も併せて参照してください。

1. 後ろ、前身頃を編む　目を作る─鎖編みの作り目（P.138）

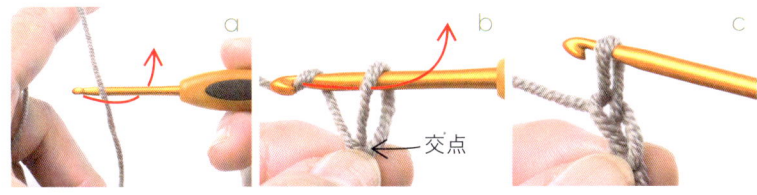

↑交点

1 5/0号針で編みます。人差し指に糸玉のほうの糸をかけ、糸端を約10cm残した位置を持ちます。針を糸の向こう側におきます。針を手前に引き、矢印のように回して輪を作ります（a）。交点を中指と親指で押さえ、針に糸をかけて引き出します（b）。引き出したところ（c）。

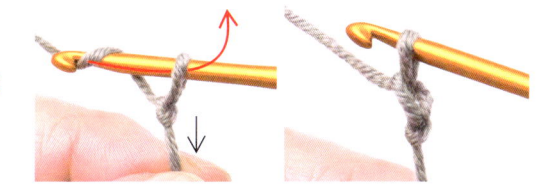

2 糸端を下に引くと作り目ができますが、この目は1目と数えません。もう一度針に糸をかけて引き出します。この目が鎖編み1目になります。

3 **2** をくり返して鎖の目を142目作ります。

模様編みを編む

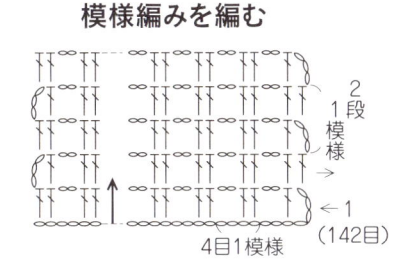

2段
1段
1模様
→1
（142目）
4目1模様

1段め

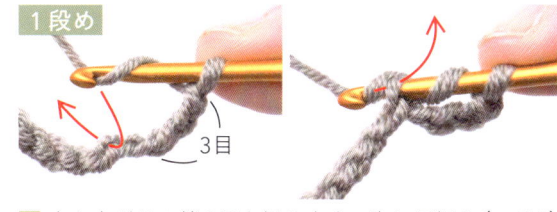

3目

1 立ち上がりの鎖3目を編みます。次に長編み（p.138）を編みます。針に糸をかけ、5目めの裏山に針を入れます。針に糸をかけて糸を引き出します。

2 糸を引き出したところに針に糸をかけて2ループを引き抜きます（a）。もう一度針に糸をかけ、2ループを引き抜きます（b）。長編み1目が編めました（c）。

3 鎖2目を編んでから作り目を2目とばし、3目めに長編みを編みます。

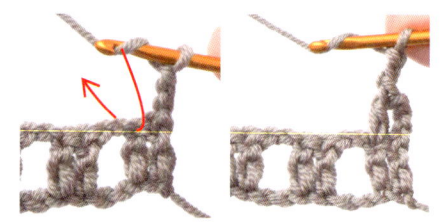

4 次の目も長編みを1目編みます。

5 鎖2目、2目とばして長編み2目をくり返して、1段めを最後まで編みます。

6 立ち上がりの鎖3目を編み、矢印のように編み地を裏に返します。

7 前段の長編みの頭を拾って長編みを編み、鎖2目を編みます。

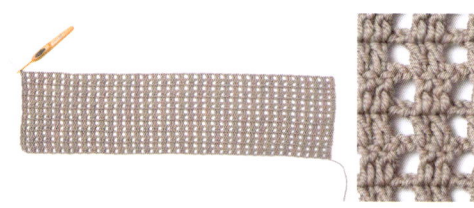

8 前段の長編みの頭を拾って長編み2目を編みます。鎖2目と長編み2目をくり返します。

9 数模様編んだところ。同じ要領で模様編みを14段まで編みます。

10 14段まで編めたところ。写真右は模様編みのアップ。次は目数を減らして長編みを編みます。

長編みを編む

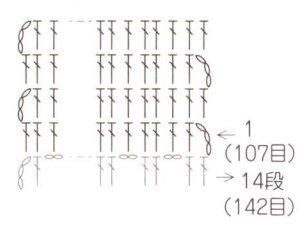
→1（107目）
→14段（142目）

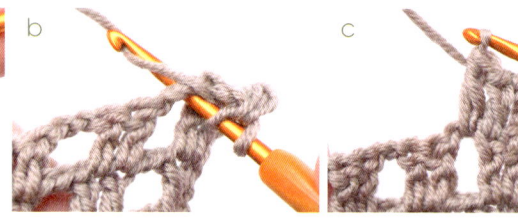

a b c

1 立ち上がりの鎖3目と長編み1目を編みます。針に糸をかけて（a）前段の鎖編みの下の空間に針を入れ（b）、鎖編みを編みくるむように長編みを1目編みます（c）。このように前段の模様の下に針を入れ、すくって編むことを束に拾うといいます。

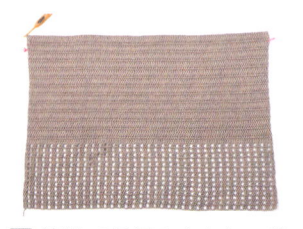

2段め

2 前段の長編みの頭から2目、鎖編みを束に拾って長編みを1目編みます。

3 2段め以降は長編みの頭を拾って23段まで編みます。

4 23段編めたら袖つけどまりの両端にマーカーをつけます。

5 続けて長編みをあと2段編みます。次は目数を増やしてもう一度模様編みを編みます。

模様編みを編む

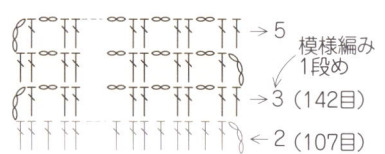
→5
模様編み1段め
→3（142目）
←2（107目）

1段め

1 立ち上がりの鎖3目と長編み1目、鎖2目を編みます。前段の長編み1目をとばして長編みを2目編みます。

2 鎖2目、長編み2目をくり返します。模様編みを15段編みます。

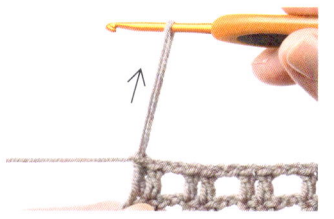

3 15段まで編めたら、肩幅の約6倍残して糸を切り、糸を引き出します。

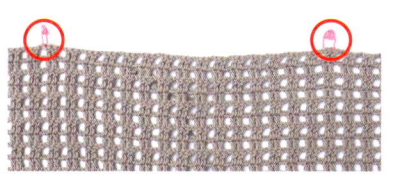

4 えりぐりのあきどまりにマーカーをつけます。

5 後ろ身頃が編めました。同形に前身頃を編みます。

2. 袖を編む

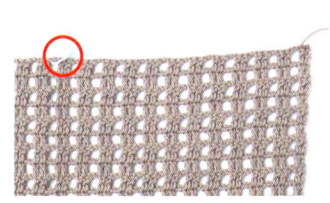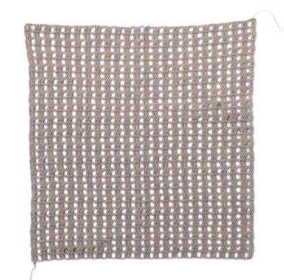

身頃と同じ要領で94目作り、模様編みを36段編みます。袖中央にマーカーをつけます。同形に2枚編みます。

3. 肩をはぐ

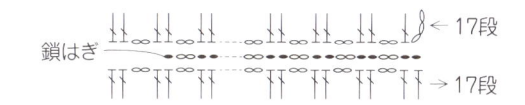

鎖はぎ ←17段
→17段

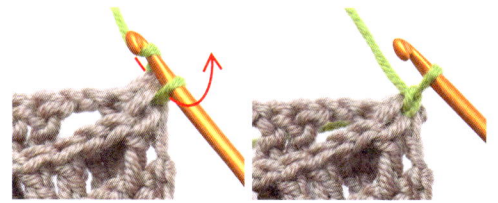

1 前後身頃の肩を中表に合わせます。

2 最終段の頭の糸2本ずつに5/0号針を入れ、針に糸をかけて糸を引き出します（糸をつける）。

3 もう一度針に糸をかけて糸を引き抜きます。1目引き抜き編みが編めました。

4 次の目の長編みの頭どうしに針を入れ、糸をかけて引き抜きます。

5 鎖2目を編みます。

6 長編みの頭どうしを拾って引き抜き編み2目と鎖2目を編くり返します。

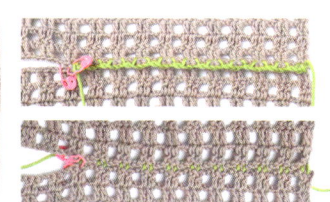

7 えりぐりのあきどまりまではぎ合わせたら糸を切り、もう一度糸をかけて引き抜きます。

8 もう片方もはぎ、両肩がつながりました。（写真右上が裏、写真右下が表から見たところ）

4. 袖を身頃につける

1 身頃と袖を中表に合わせ、袖つけどまりと袖の両端、肩と袖の中央を合わせてまち針でとめます。袖を手前に持ちます。

2 袖の端目の頭と身頃の端目の足を束に拾って5/0号針で糸をつけ、針に糸をかけて引き抜きます。1目引き抜き編みが編めました。

3 次の目に針を入れて引き抜きます。

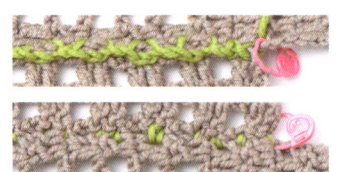
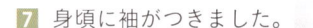

4 鎖2目を編みます。

5 袖の目に合わせて引き抜き編み2目と鎖2目をくり返してとじます。

6 写真上は裏、写真下は表から見たところ。

7 身頃に袖がつきました。

5. 脇、袖下をとじる

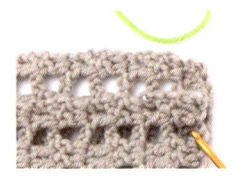

1 前後身頃の肩を中表に合わせ、裾から鎖とじ（p.142）をします。

2 作り目の鎖どうしに5/0号針を入れ、糸をつけます。

3 針に糸をかけて引き抜きます。

4 鎖2目を編み、長編みの頭と作り目の3目めに針を入れて引き抜きます。

5 鎖2目と引き抜き編みをくり返します。長編みの位置も同様に編みます。

6 脇がとじ合わさったところ。続けて同じ要領で袖下を袖口までとじていきます。

7 とじ終わり、脇と袖下がつながりました。

6. えりぐりを編む

★えりぐり1段めの両端の鎖2目の位置は、細編み2目を編み入れるので注意

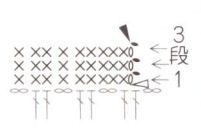

1 前身頃左肩の長編みの頭に4/0号針で糸をつけます。立ち上がりの鎖1目を編みます。次に細編み（p.138）を編みます。

2 糸端を添えて長編みの頭に針を入れ、針に糸をかけて糸を引き出します。針に糸をかけて2ループを引き抜きます。

 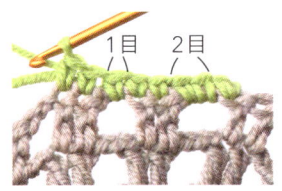 

3 細編み1目が編めたところ。糸端を編みくるみながら編み進めます。鎖編みの下に束に針入れ、細編みを編みます。(鎖編みと糸端を編みくるんだ状態)。

4 図を参照して長編みの頭と鎖を束に拾って前後続けて細編みを編みます。

5 1段めの最後は1目めの細編みの頭に針を入れて引き抜きます。1段が輪につながりました。

6 立ち上がりの鎖1目、細編みを編みます。前段の頭を拾って細編みを編みます。同じ要領で3段編みます。

7 糸端を約10cm残して糸を切り、糸を引き出します。

8 とじ針に糸を通し、1目とばして2目めに手前から針を通します。次に最後の目に針を戻します。

   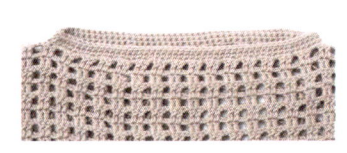

9 鎖1目の大きさになるように糸を引きます。

10 そのまま裏を見て、とばした1目めの細編みの頭に針を入れます(a)。目立たないように細編みの足に数目をくぐらせます(b)。何目かくぐらせたら逆向きにもくぐらせ(c)、余った糸端を切り、糸始末をします。

11 えりぐりが編めました。

7. 裾、袖口を編む

  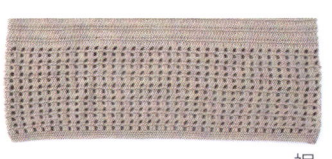 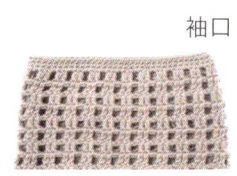

袖口

裾

1 身頃は脇、袖は袖下に4/0号針で糸をつけます。

2 身頃、袖の1段めが鎖編みの位置は作り目を束に拾って細編みを編みます。

3 えりぐりと同じ要領で細編みを輪に3段編んで裾、袖口が編めました。

▶ 糸始末の仕方

編み地の裏を見て始末をします。とじ針に糸を通してとじ・はぎをした鎖の半目に数目くぐらせて針を抜きます。1目戻ったところからもう一度数目くぐらせてから糸を切ります。

残っている糸端の始末をします。

完成!

はじめの一枚におすすめの
基礎編みの
かんたんプル

作品 no.5,6,7 ▶▶▶ 32・33・34ページ

5　6　7

作品 no.5,6,7 ▶▶▶ 32・33・34ページ

材料と用具

糸 5　DMC　ウーリー（50g巻・約125m…中細タイプ）
　　　の112（ベージュ）を560g（12玉）
糸 6　DMC　ナチュラ（50g巻・約155m…中細タイプ）
　　　のN25（ミントブルー）を310g（7玉）
糸 7　DMC　ナチュラ（50g巻・約155m…中細タイプ）
　　　のN11（黒）を495g（10玉）
針 5・6・7共通　5/0号・4/0号かぎ針

ゲージ

5・6・7共通　模様編み 27目10段　長編み20.5目10段

でき上がり寸法

5　胸回り104cm　着たけ55.5cm　ゆきたけ63.5cm
6　胸回り104cm　着たけ55.5cm　ゆきたけ34.5cm
7　胸回り104cm　着たけ70.5cm　ゆきたけ63.5cm

編み方要点

1　後ろ、前ともに**鎖編みの作り目**をして模様編みを編み
　ますが、7はスリットあきどまりに糸印をつけます。**長
　編み**を編み、袖つけどまりに糸印をつけます。続けて
　長編みと模様編みで肩まで編んでえりぐりに糸印をつ
　けます。
2　袖は身頃と同じ要領で模様編みを増減なく編みます。
3　肩は鎖はぎで合わせ、袖を身頃に**鎖とじ**でつけます。
　脇と袖下は脇から続けて袖下へ鎖とじで合わせます。
4　えりぐり、袖口は**細編み**を輪に編みます。裾は5・6を
　輪に、7は往復編みで細編みを編みます。7はスリット
　あきを前後続けて細編みで整えます。

●作品5の詳しい編み方は35ページからの
　「編みもの教室」を参照してください

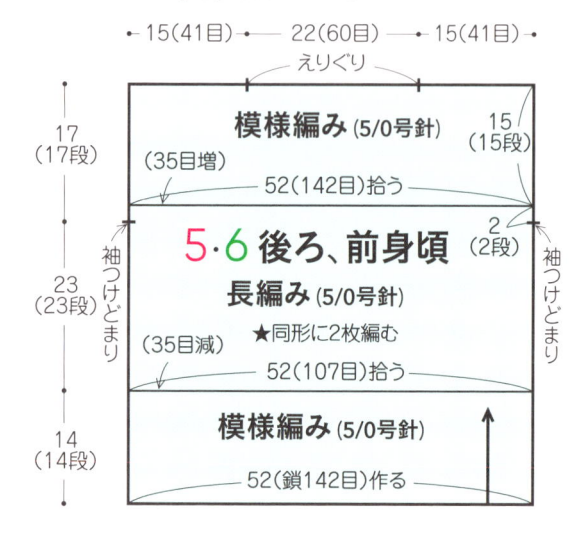

← 15（41目）→ ← 22（60目）→ ← 15（41目）→
えりぐり

模様編み（5/0号針）
（35目増）
52（142目）拾う
15（15段）
2（2段）

5・6 後ろ、前身頃
長編み（5/0号針）
★同形に2枚編む
（35目減）
52（107目）拾う

模様編み（5/0号針）
52（鎖142目）作る

17（17段）
23（23段）　袖つけどまり
14（14段）
袖つけどまり

■文字の赤色は5、緑色は6、青色は7、黒は共通です

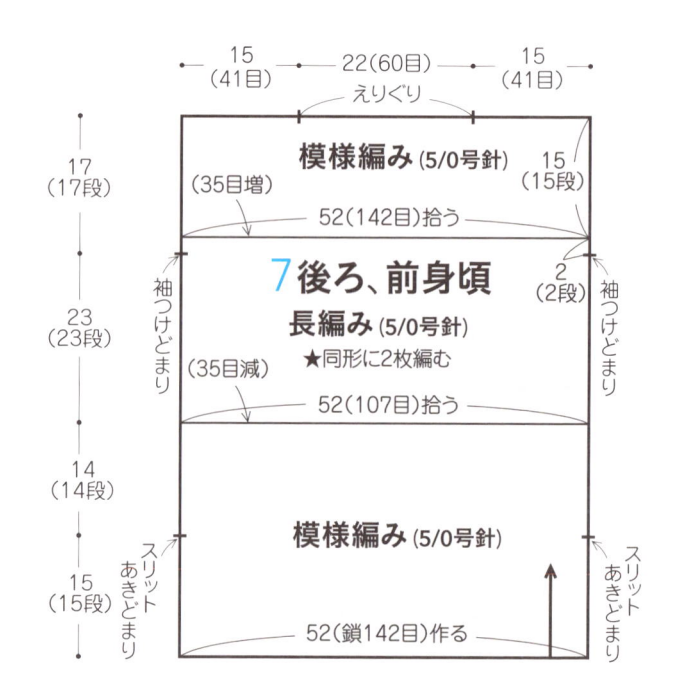

← 15（41目）→ ← 22（60目）→ ← 15（41目）→
えりぐり

模様編み（5/0号針）
（35目増）
52（142目）拾う
15（15段）
2（2段）

7 後ろ、前身頃
長編み（5/0号針）
★同形に2枚編む
（35目減）
52（107目）拾う

模様編み（5/0号針）
52（鎖142目）作る

17（17段）
23（23段）　袖つけどまり
14（14段）
15（15段）　スリットあきどまり
袖つけどまり
スリットあきどまり

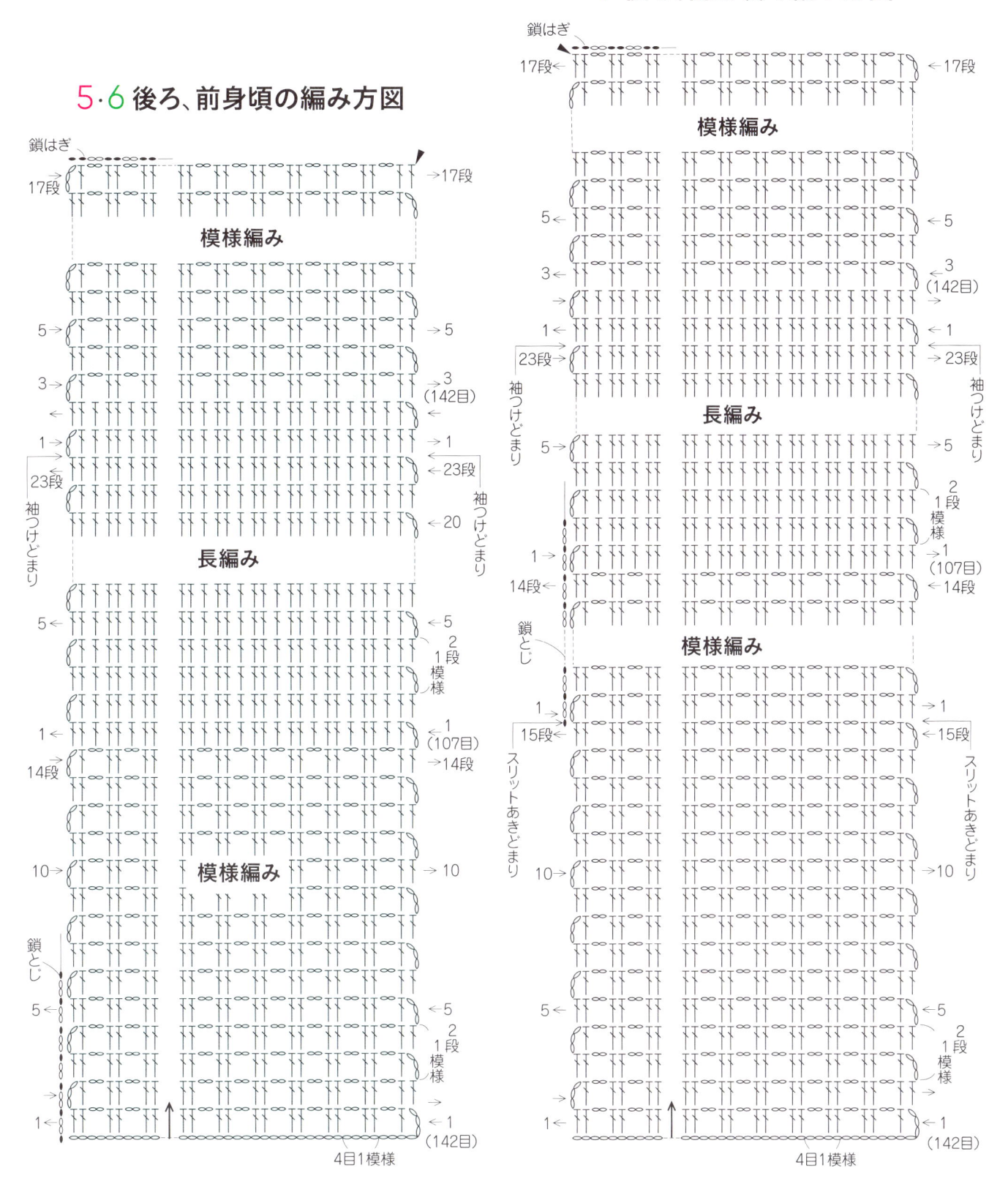

7 後ろ、前身頃の編み方図

5·6 後ろ、前身頃の編み方図

鎖はぎ
17段 →17段
模様編み
5 →5
3
（142目）
1 →1
23段 →23段
袖つけどまり
長編み
5 →5
2
1段
模様
1
（107目）
14段 →14段
10 →10
模様編み
鎖
とじ
5 ←5
2
1段
模様
1 ←1
（142目）
4目1模様

鎖はぎ
17段 →17段
模様編み
5 ←5
3
（142目）
1 ←1
23段
袖つけどまり
長編み
5 →5
2
1段
模様
1
（107目）
14段
鎖
とじ
模様編み
1 →1
15段 ←15段
スリットあきどまり
10 →10
5 ←5
2
1段
模様
1 ←1
（142目）
4目1模様

41

5・6・7 袖の編み方図

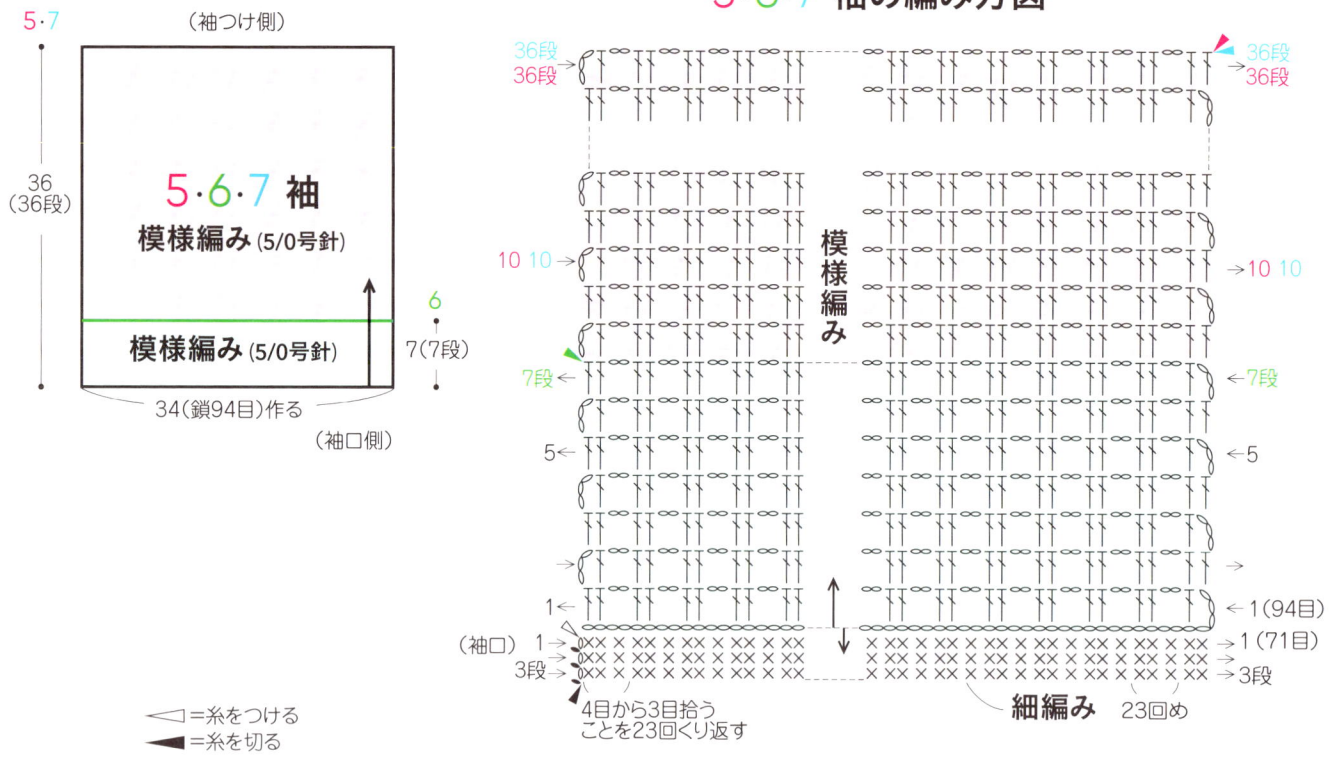

5・7

（袖つけ側）

36
（36段）

5・6・7 袖
模様編み（5/0号針）

模様編み（5/0号針）

6
7（7段）

34（鎖94目）作る

（袖口側）

▷＝糸をつける
◀＝糸を切る

36段 36段
10 10 →10 10
7段← ←7段
5← ←5
1← ←1（94目）
（袖口）1 →1（71目）
3段 →3段
4目から3目拾う
ことを23回くり返す

模様編み

細編み 23回め

---

6 えりぐり、裾、袖口　細編み（4/0号針）

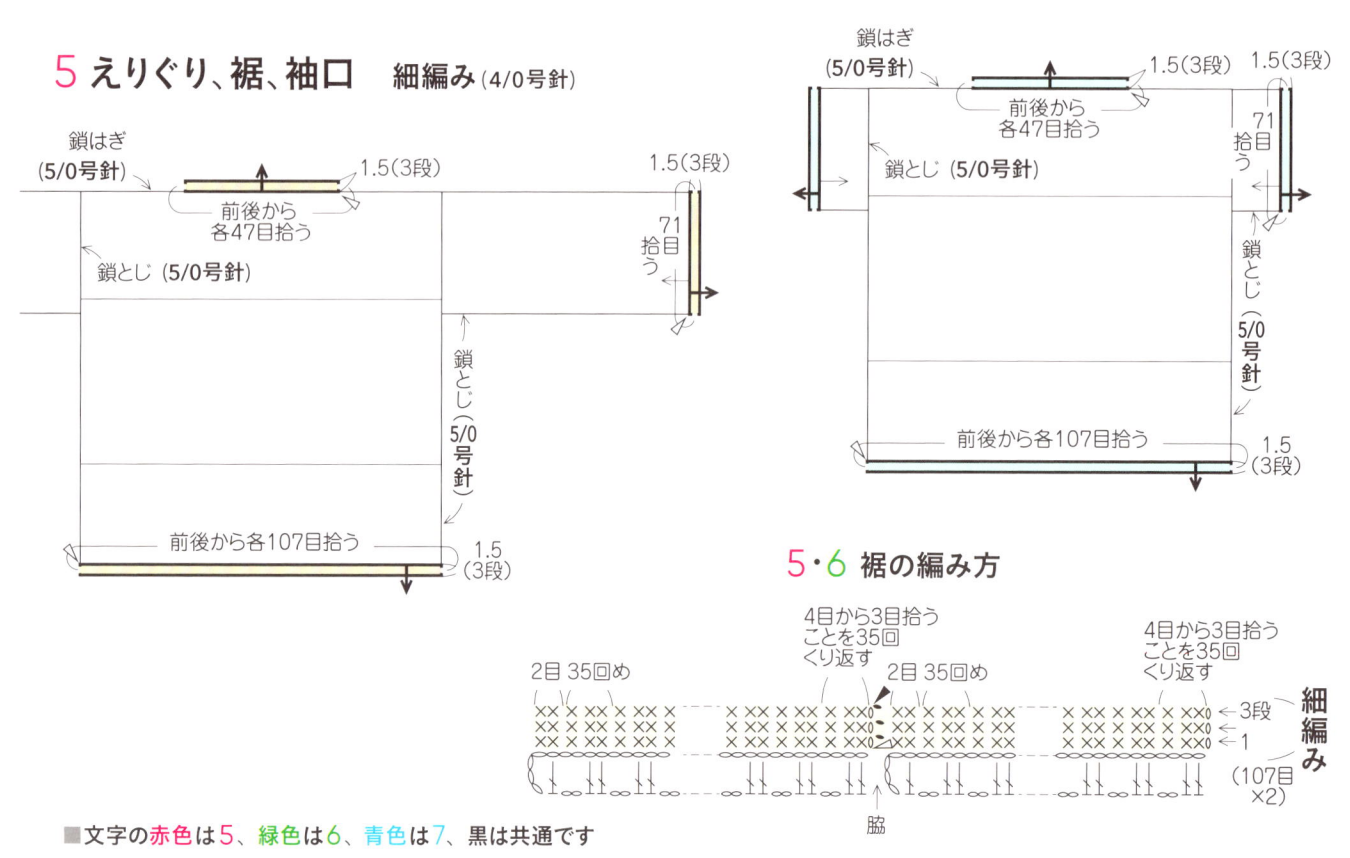

鎖はぎ
（5/0号針）
1.5（3段）　　1.5（3段）
前後から
各47目拾う
71拾目う
鎖とじ（5/0号針）
鎖とじ（5/0号針）
前後から各107目拾う　1.5（3段）

5 えりぐり、裾、袖口　細編み（4/0号針）

鎖はぎ
（5/0号針）
1.5（3段）　　1.5（3段）
前後から
各47目拾う
71拾目う
鎖とじ（5/0号針）
鎖とじ（5/0号針）
前後から各107目拾う　1.5（3段）

5・6 裾の編み方

4目から3目拾う
ことを35回
くり返す

4目から3目拾う
ことを35回
くり返す

2目 35回め　　　2目 35回め

←3段
←1

細編み
（107目×2）

脇

■文字の**赤色**は5、**緑色**は6、**青色**は7、黒は共通です

7 えりぐり、裾、スリット、袖口　細編み(4/0号針)

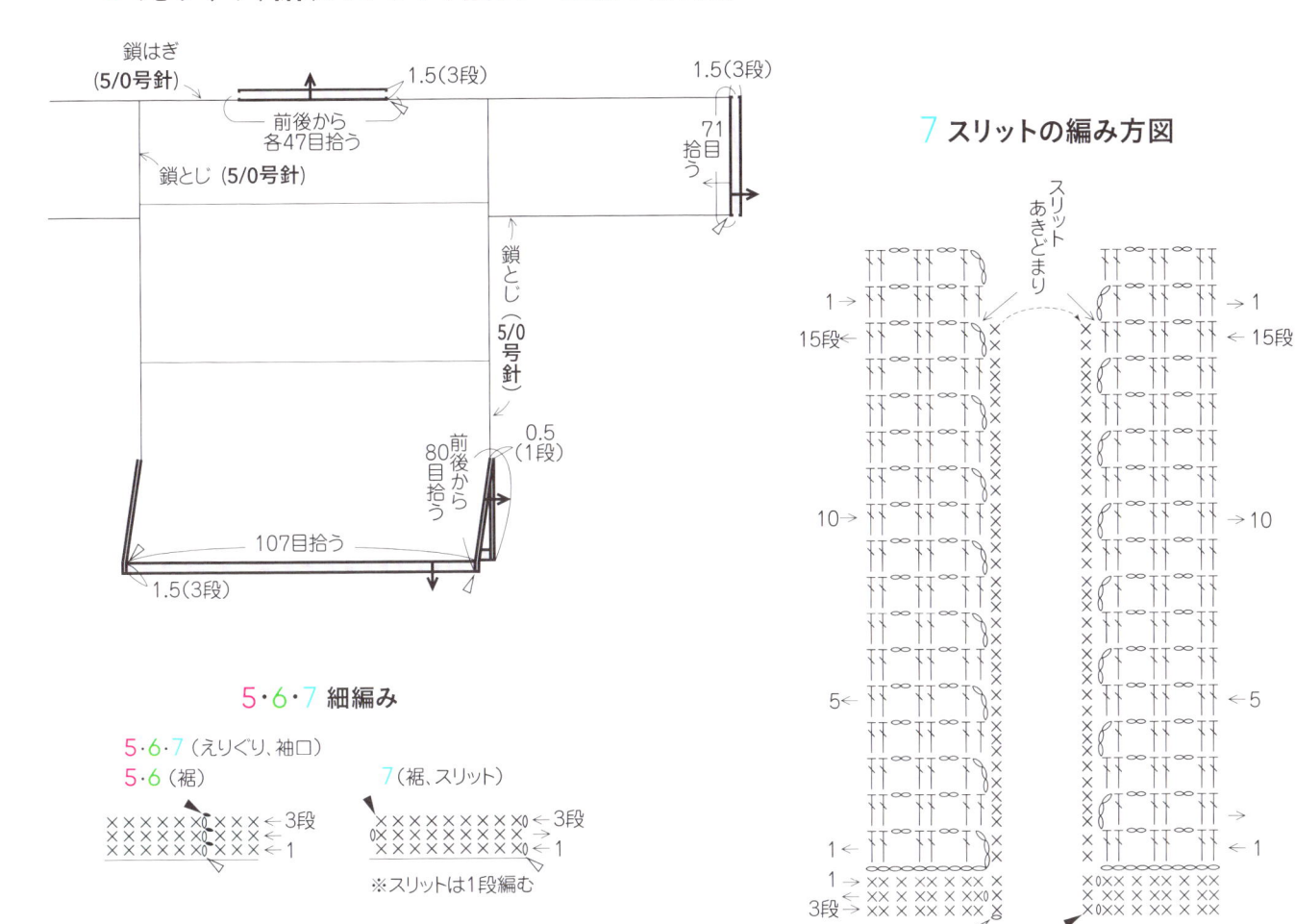

鎖はぎ
(5/0号針)

前後から
各47目拾う

鎖とじ (5/0号針)

1.5(3段)

1.5(3段)

71
拾目
う

鎖とじ (5/0号針)

前後から
80目拾う

0.5
(1段)

107目拾う

1.5(3段)

7 スリットの編み方図

スリット
あきどまり

1　15段

10

5

1

3段　1段　1段

5・6・7 細編み

5・6・7 (えりぐり、袖口)
5・6 (裾)

×××××× 3段
×××××× 1

7 (裾、スリット)

×××××○ 3段
○××××○ 1

※スリットは1段編む

7 裾の編み方

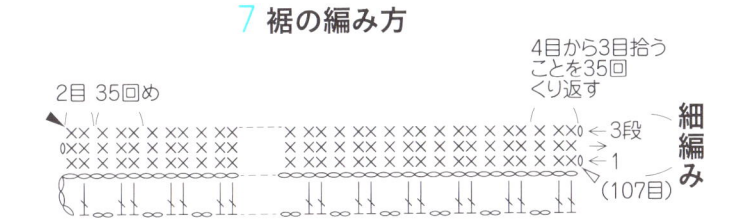

2目 35回め

4目から3目拾う
ことを35回
くり返す

3段
1 (107目)

細編み

5・6・7 えりぐりの編み方

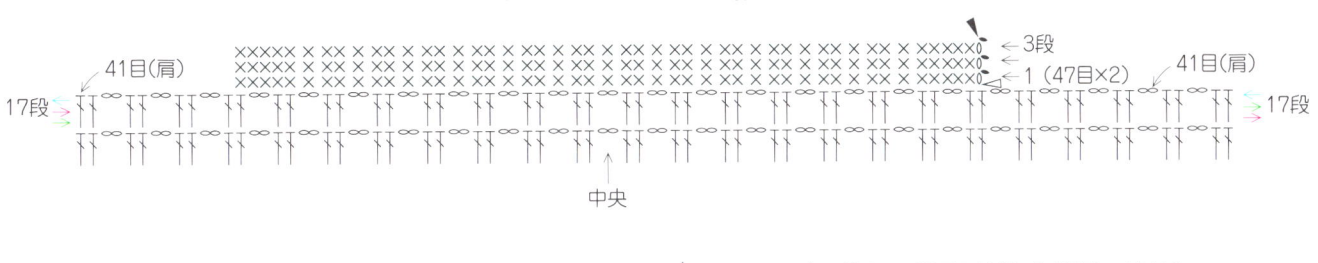

41目(肩)

17段

中央

3段
1 (47目×2)

41目(肩)

17段

◁ =糸をつける
◀ =糸を切る

記号の編み方は「編み目記号と基礎」を参照してください

○=鎖編み　×=細編み　T=長編み　●=引き抜き編み

43

ストライプ模様の
横編みカーディガン

デザイン_ 河合真弓　編み図_54ページ

no. 8

シャープな横編みストライプのカーディガン。前後身頃を続けて
編み、身頃から目を拾って袖を編みます。配色のストライプ模様は、
作品 8・9 のように色のセレクトでまったく印象が変わります。

使用糸／ニッケビクター毛糸　スムース

variation

no. 9

　ラブリーなキャンディーカラーが目を惹く楽しいジャケット。気分まで明るくしてくれそうです。横編みのすっきりストライプで、甘さとシャープさを程よく融合させた、おしゃれなデザイン。

使用糸／ユザワヤ
マンセルメリノレインボウ

ストライプ模様の **横編みカーディガン**

guidance／河合真弓

● 本誌44ページ、作品8の詳しい編み方を解説します。編み図は54ページにあります。
● 作品はニッケビクター毛糸 スムースの紫、グレー、黒を使用していますが、
　 プロセスでは薄紫、紫、チャコールを使用しています。
　 またポイントでは別色の糸を使っています。

用具をそろえる

① 6/0号かぎ針
② はさみ
③ とじ針（糸始末用）
④ マーカー
　 （糸印のかわり
　 　にあると便利）

1. 後ろ、前身頃を編む

※ 糸のかけ方と針の入れ方は、写真解説のほか
「編み目記号と基礎」（P.138～143）も併せて参照してください。

▍目を作る — 鎖編みの作り目（P.138）

地糸
（薄紫）

交点

1 人差し指に糸玉のほうの糸をかけ、糸端を約10cm
残した位置を持ちます。かぎ針を糸の向こう側にお
きます。針を手前に引き、矢印のように回して輪を
作ります（a）。交点を中指と親指で押さえ、針に糸
をかけて引き出します（b）。引き出したところ（c）。

2 糸を下に引いて作り目
を作ります。この針にか
かっている目は1目と数
えません。針に糸をかけ
て引き出します。鎖編み
1目が編めました。

3 **2** をくり返して鎖の
目を109目作ります。

前端から脇に向かって編む

細編み・長編み（p.138）

長々編み（p.139）

引き抜き編み（p.141）

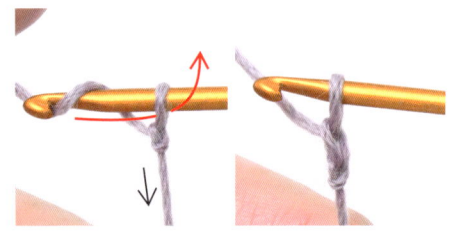

右前1段め

3目

1 立ち上がりの鎖を3目編みます。次に長編みを編みます。針に糸をかけて鎖4目め
の裏山に針を入れ（a）、さらに糸をかけて糸を引き出します（b）。針に糸をかけて
針にかかっている2ループを引き抜きます（c）。

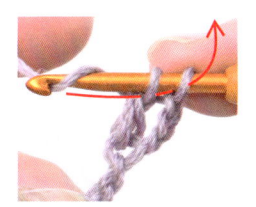

2 もう一度針に糸をかけて残りの2ループを引き抜きます。

3 長編みが編めたところ。鎖3目をとばした位置に長編みを編みます。

3目

4 同じ位置に長編みをあと2目編みます。3目とばして長編み3目をくり返します。

5 最後は長編みを2目編み入れます。

6 1段めが編めました。

7 立ち上がりの鎖3目を編んで編み地を半時計回りにして裏に返します。

8 針に糸をかけ、前段の長編みと長編みの間の空間に針を入れて長編みを3目編みます。空間に長編み3目編むことをくり返します。

a

b

c

9 最後は前段の立ち上がりの鎖3目めに長編みを編みますが（a）、最後の引き抜きをする時に配色糸（紫）にかえます。最後の引き抜きをする前に針に地糸（薄紫）を向こう側から手前にかけます（b）。配色糸（紫）を向こう側から手前にかけ、一度に3ループを引き抜きます（c）。

3段め

糸端

10 配色糸にかわりました。地糸（薄紫）はそのままにしておきます。

11 2段めが編み終わったところ。

12 立ち上がりの鎖3目を編み、編み地を表に返します。

13 配色糸（紫）の糸端を編み地に添わせます。

4段め

14 前段の1目めと2目めの間に長編みを編む時に、糸端を一緒に編みくるみます。

15 記号図どおり編みますが、糸端を編みくるみながら編みます。

16 最後は前段の立ち上がりの鎖3目めに長編みを編んで3段めが編めました。

17 立ち上がりの鎖1目を編みます。編み地を裏に返します。

18 次に細編みを編みます。前段の長編みの頭に針を入れます。

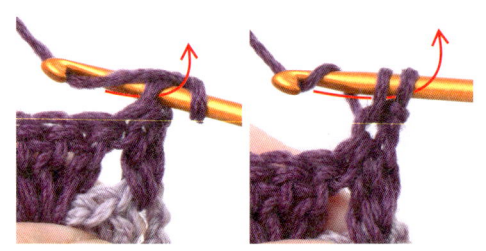

19 針に糸をかけて引き出します。さらに針に糸をかけて2ループを一度に引き抜きます。

20 細編みが編めました。

21 鎖1目を編みます。

22 前段の長編みと長編みの間の空間に針を入れ、細編みを編みます。

23 細編みを編んだところ。

24 鎖3目、長編みと長編みの間の空間に細編みを1目編むことをくり返します。

25 最後は鎖2目を編み、前段の立ち上がりの鎖3目めの鎖半目と裏山に針を入れて糸を引き出し、針に糸を向こう側から手前にかけます。

5段め

26 地糸（薄紫）を下から持ち上げ、針に向こう側から手前にかけて一度に引き抜きます。地糸に配色がかわりました。配色糸（紫）は切ります。

27 立ち上がりの鎖3目を編み、配色糸（紫）の糸端を編みくるみながら前段の同じ位置の細編みに長編みを編みます。目が1目増えました。端で同じ目に編むことで目が増えていきます。

28 針に糸をかけて前段の細編み下の空間に針を入れます。

29 配色糸の糸端と前段の細編みを編みくるみながら長編みを3目編みます（写真左）。長編みを3目編んだところ（写真右）。

（裾）　（えりぐり）

30 同じ要領でえりぐり側で増し目をし、配色糸をかえながら右前の10段まで編めました。地糸（薄紫）の糸を切ります。

右後ろ9段め

（裾）

1 鎖編みの作り目を配色糸（紫）で125目作り、増減なく9段めの左端まで増減なく編みます。

右前　　右後ろ

2 次に右前と編みつなげます。長々編みで右前につなげるように編みます。

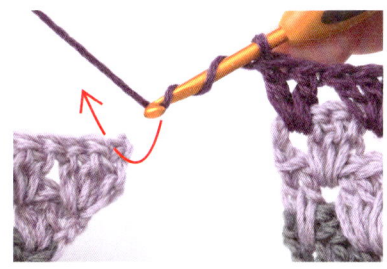

3 針に糸を2回かけて右前10段め最後の長編みの頭に針を入れます。

4 右前の糸端を添わせて糸を引き出し、針に糸をかけて2ループを引き抜きます（a）。もう一度針に糸をかけ、2ループを引き抜きます（b）。さらにもう一度針に糸をかけ、残った2ループを引き抜きます（c）。

5 長々編みが編め、前後がつながりました。

6 右前の糸端を編みくるみながら、同じ位置に長編みを3目編みます。

7 続けて右前裾まで編みます。前後がつながり、右前裾まで編めたところ。増減なく脇まであと26段編みます。

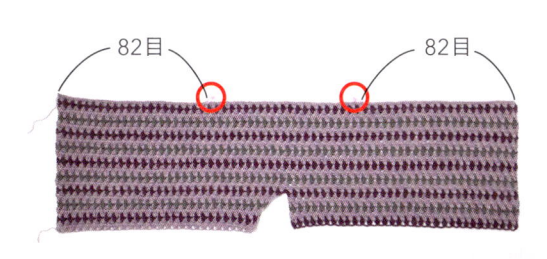

82目　82目

8 右前・右後ろ身頃が編めました。袖つけどまりに糸印（マーカー）をつけます。

左後ろ1段め　a　b　c

1 右後ろ作り目の鎖1目めに針を入れて地糸（薄紫）を引き出し（a）、糸をかけて引き抜きます（糸をつける）。糸を引いて引き締めて（b）から立ち上がりの鎖3目を編みます（c）。

2 作り目の鎖下の空間に針を入れ、作り目の糸端（紫）を編みくるみながら長編み3目を編みます。これをくり返して編みます。

3 最後の目は作り目の鎖を拾って長編み1目を編みます。

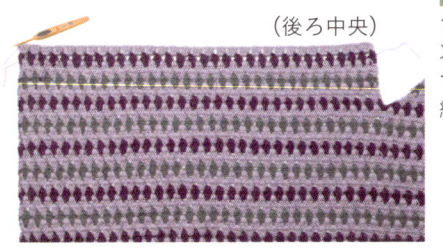

（後ろ中央）

4 1段めが編めたところ。次に右後ろと同じ要領で増減なく6段めまで編んで糸を切ります。

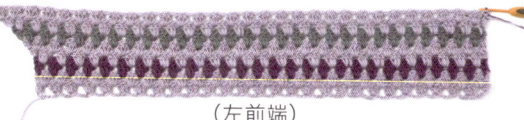

（左前端）

1 鎖編みの作り目を地糸（薄紫）で109目作り、えりぐりで増し目をしながら10段編みます。11段めで左後ろとつなぎます。

11段め

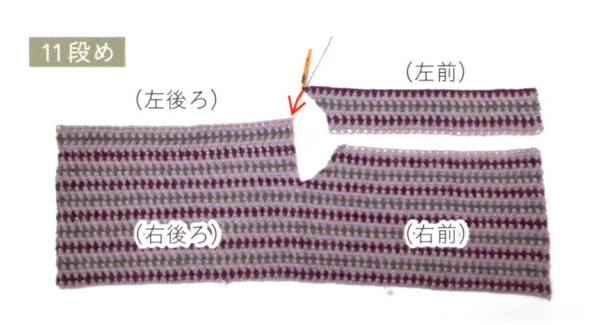

（左後ろ）　（左前）

（右後ろ）　（右前）

2 左前11段めの最後の長編み3目まで編んだところ。同じ目に長々編みを編んでから左前と左後ろをつなぎます。

3 長編み3目と同じ目に長々編みを編みました。次に左後ろに編みつなぎます。

4 左後ろの長編みの頭に長編み1目を編み、左後ろとつながったところ。

5 次に長編みと長編みの間の空間に長編みを1目編みます。模様編み縞を続けて編みます。

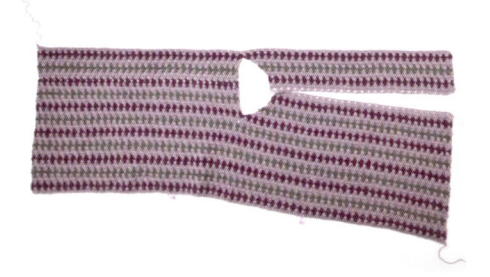

6 12段めまで編んだところ。脇まで続けて編みます。

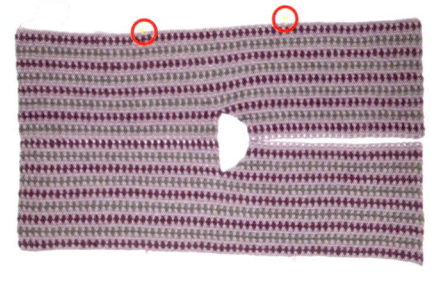

7 身頃が編めました。袖つけどまりに糸印（マーカー）をつけます。

2.袖を編む

1 身頃の裏から地糸（薄紫）をつけて編み始めます。

2 途中まで編んだところ。記号図通り編むと袖下で自然と目が減ります。

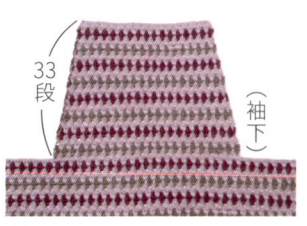

33段　（袖下）

3 袖口まで33段編みます。反対側にも同様に袖を編みます。

4 両袖が編めました。

3. 脇、袖下をはぐ、とじる ▎鎖とじ（P.142）

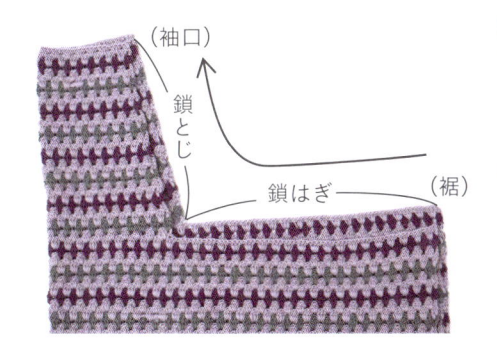

（袖口）

鎖とじ

鎖はぎ ——（裾）

1 身頃・袖を中表に合わせ、裾から袖口まで続けてとじ、はぎをしていきます。

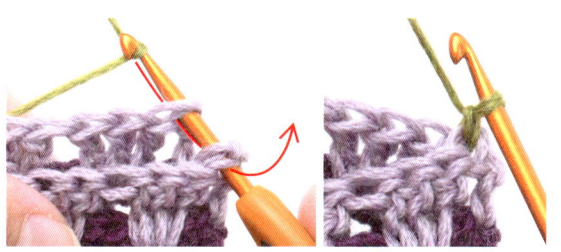

2 裾の立ち上がりの鎖と長編みに針を入れ、糸をかけて引き出します。さらに糸をかけて引き抜きます。
※別色を使用していますが、作品は地糸ではぎます。

3 鎖3目を編み、3目の長編みと長編みの間の空間に針を入れて引き抜き編みをします。これをくり返してはぎ合わせます。

4 途中まではいだところ。

5 脇の最後は鎖1目編み、袖つけどまりに引き抜きます。続けて鎖2目と引き抜き編みで袖下をとじ合わせます。

（裏）

（表）

6 はぎ・とじが終わり、脇と袖下がそれぞれつながりました。

4. 袖口を編む

▎バック細編み（P.141）

1段め

1 袖33段めの最後の長編みに地糸（薄紫）の糸をつけ、立ち上がりの鎖1目と細編み1目を編みます。

2 33段めの長編みの頭に1目ずつ細編みを編みます。

  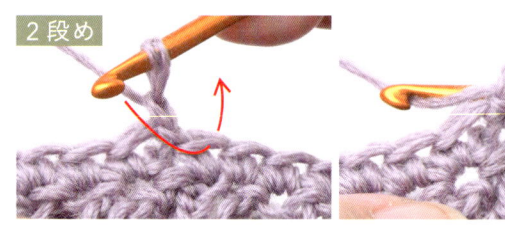

3 1段めの編み終わりは1目めの細編みの頭に針を入れて引き抜きます。1段めが編めました。

4 バック細編みは左から右に編み進めます。立ち上がりの鎖1目を編み、矢印のように針を回転させて前段の細編みの頭に針を入れます。糸の上から針をかけて糸を引き出します。

5 針に糸をかけて2ループを引き抜きます。

6 バック細編みが1目編めました。

7 同じように針を回転させて次の目に針を入れ、**4**・**5**をくり返して編みます。

8 2段めが編めたら、約10cm糸を残して切ります。次は編み始めの目とつなぎます。

9 とじ針に糸端を通し、1目めの矢印の位置に手前側から向こう側へ針を通します。

10 次に最後の目の矢印位置に手前側から向こう側へ針を出します。

11 編み始めと編み終わりの目がつながりました。

  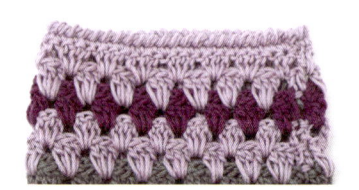

12 糸始末をします。裏側で細編みの足にとじ針をくぐらせます。数目分戻して糸端を抜けにくくします。

13 きわで糸を切ります。

14 袖口が編めました。

5. 裾・前端・えりぐりの縁編みを編む

1 右前裾脇の長編みの頭に糸をつけて編み始めます。縁編みの1段めは細編みを編みます。立ち上がりの鎖1目、細編み1目を編みます。

2 同じ長編みの足からは長編みと長編みの間に針を入れて足を編みくるみ、細編みからの拾い目は頭を拾います。

③ 長編みの足と立ち上がりの鎖からの拾い目は長編みの足、鎖を編みくるみます。

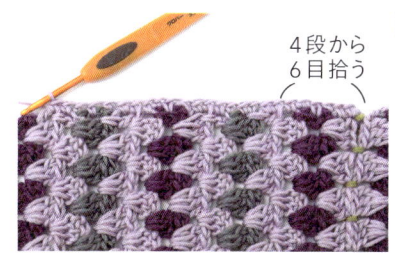

4段から6目拾う

④ 裾は4段から6目を拾うことをくり返します。

⑤ 右前裾の端まで編めたところ。角は作り目の鎖に針を入れて拾います。

⑥ 同じ作り目の鎖にもう1目編みます。

⑦ 前端の作り目の鎖だけのところは空間を拾って2目編みます。

⑧ 長編みを編んでいる作り目からは鎖に針を入れて拾います。

⑨ ⑦・⑧をくり返して鎖4目から3目の細編みを編みます。

⑩ 右前裾・右前端が編めたところ。

⑪ えりぐりは記号図を参照して編み、左前端・左前裾・後ろ裾は右前と同様に編みます。

⑫ 2段めは袖口と同様に編みます。次にボタンをつけます。

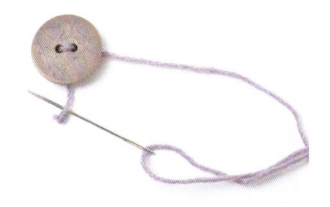

⑬ とじ針に毛糸を通し、糸端に糸玉を作ります。ボタン裏から表、裏にとじ針を戻し、糸玉に通します。

⑭ ボタンつけ位置で編み地をすくいます（a）。ボタンにもう一度糸を通し、編み地をすくったらボタン裏に毛糸を3回巻いて足をつけます（b）。とじ針を裏に出し、糸始末をしてボタンがつきました（c）。

完成！

ストライプ模様の横編みカーディガン

作品 no.8,9 ▶▶▶ 44・45ページ

材料と用具

糸 8　ニッケビクター毛糸　スムース（50g巻・約120m…並太タイプ）

糸 9　ユザワヤ　マンセルメリノレインボウ（30g巻・約66m…並太タイプ）
※糸の色名・色番号・使用量は図中の表を参照してください

針　8・9共通　6/0号かぎ針
付属品　8・9共通　直径2.5cmのボタンを各1個

ゲージ 10cm四方

8　模様編み縞 22目 11.5段
9　模様編み縞 22目 12段

でき上がり寸法

8　胸回り 121cm　着たけ 57.5cm　ゆきたけ 59.5cm
9　胸回り 115cm　着たけ 68cm　ゆきたけ 70cm

編み方要点

★ 配色糸は2段ごとに糸を切り、地糸は切らずに縦に渡して編み進めます。

1 右前で鎖編みの作り目をし、模様編み縞で表記の番号順に編み進めます。

2 袖は身頃から目を拾い、袖下を減らしながら編みます。

3 脇は裾側から鎖はぎをし、続けて袖下を鎖とじで合わせます。

4 袖口、8の裾・前端・えりぐりは縁編みを輪の往復編みで編みます。9の裾・前端・えりぐり、えりは編み方順序を参照して編みます。

5 ボタン穴は編み地の空間を利用し、指定位置にボタンをつけて仕上げます。

● 作品8の詳しい編み方は46ページからの「編みもの教室」を参照してください

8・9 糸の色番と使用量

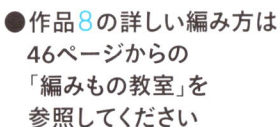

	色名（色番号）	使用量（玉数）
8	紫（347）	480g（10玉）
8	グレー（325）	150g（3玉）
8	黒（320）	135g（3玉）
9	生成り（154）	555g（19玉）
9	青（90）	110g（4玉）
9	ピンク（125）	85g（3玉）
9	黄（43）	80g（3玉）
9	黄緑（58）	75g（3玉）

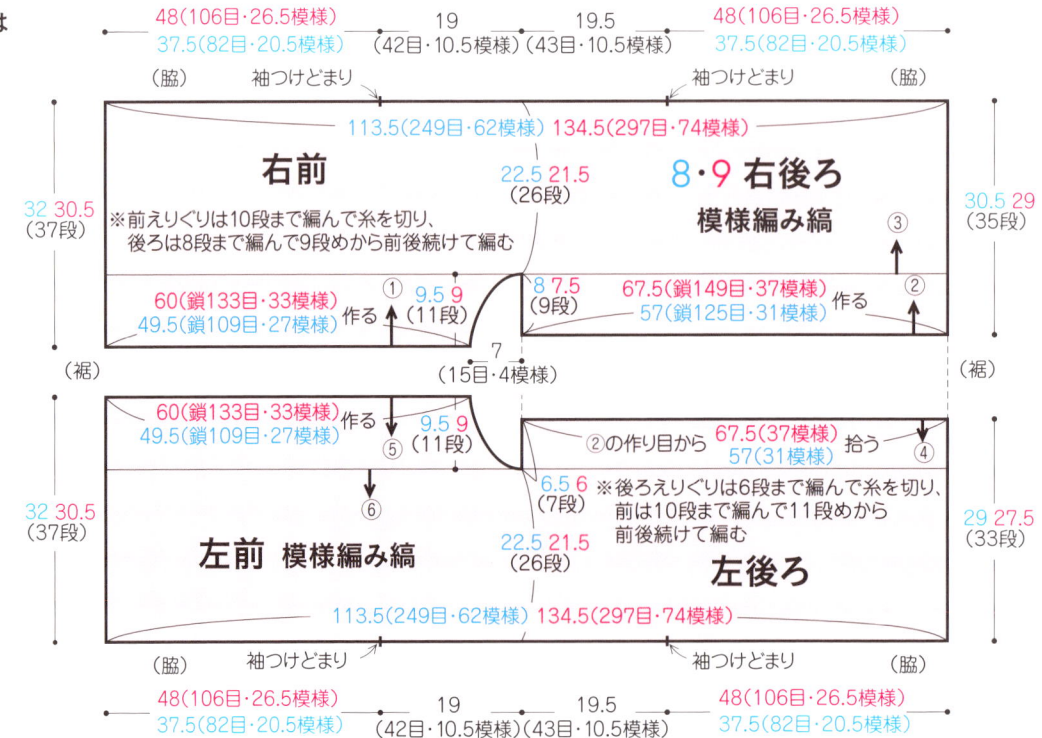

■文字の青色は8、赤色は9、黒は共通です

※①～⑥の順番に編み進める

● 前後身頃の編み方は56・57ページにあります

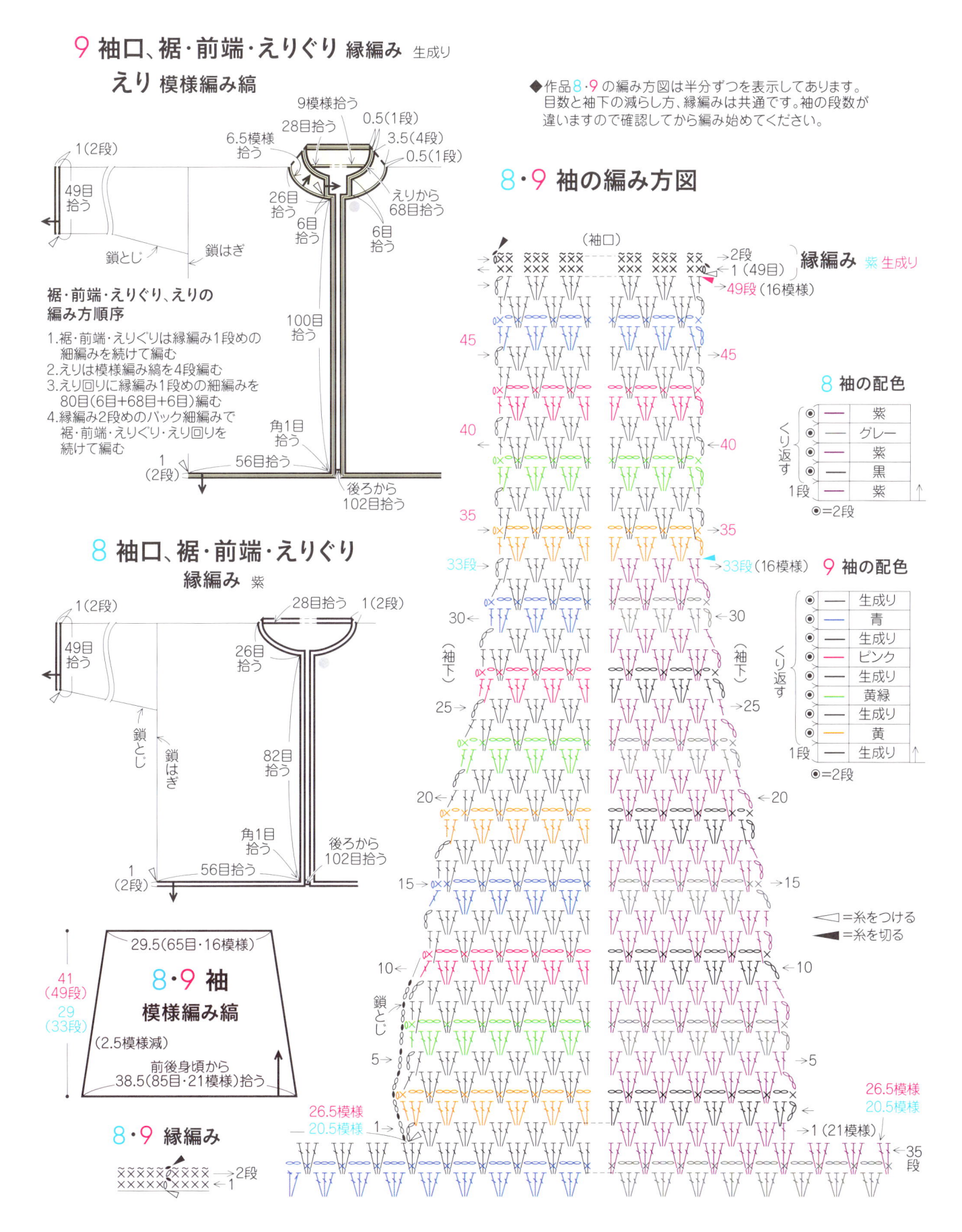

9 袖口、裾・前端・えりぐり 縁編み 生成り

えり 模様編み縞

裾・前端・えりぐり、えりの編み方順序
1. 裾・前端・えりぐりは縁編み1段めの細編みを続けて編む
2. えりは模様編み縞を4段編む
3. えり回りに縁編み1段めの細編みを80目(6目+68目+6目)編む
4. 縁編み2段めのバック細編みで裾・前端・えりぐり・えり回りを続けて編む

8 袖口、裾・前端・えりぐり 縁編み 紫

8・9 袖 模様編み縞
(2.5模様減)
29.5(65目・16模様)
前後身頃から38.5(85目・21模様)拾う
41(49段)
29(33段)

8・9 縁編み

◆作品8・9の編み方図は半分ずつを表示してあります。目数と袖下の減らし方、縁編みは共通です。袖の段数が違いますので確認してから編み始めてください。

8・9 袖の編み方図

縁編み 紫 生成り

8 袖の配色

◉	—	紫
◉	—	グレー
◉	—	紫
◉	—	黒
◉	—	紫

くり返す
1段
◉=2段

9 袖の配色

◉	—	生成り
◉	—	青
◉	—	生成り
◉	—	ピンク
◉	—	生成り
◉	—	黄緑
◉	—	生成り
◉	—	黄
◉	—	生成り

くり返す
1段
◉=2段

▷ =糸をつける
◀ =糸を切る

26.5模様
20.5模様

9 えりの編み図

8・9 模様の編み方

B＝前段の細編みの下に針を入れての細編みと長編みをくるみ入れながら長編み3目を編む
A＝前段の長編みと長編みの間の空間を拾って細編みを編む

縁編み

「記号の編み方は「編み目記号と基礎」を参照してください

○ ＝鎖編み　　　　× ＝細編み
✕ ＝バック細編み
Ŧ ＝長編み　　　　Ŧ ＝長々編み（増し目）
Ⓥ ＝長編み2目（増し目）
• ＝引き抜き編み

■文字の青色は8、赤色は9、黒は共通です

えりの配色 { ＝青　／ ＝生成り

※縁編みからの拾い目は作り目からとは間隔が違うので注意

＝糸をつける　＝糸を切る
＝生成り

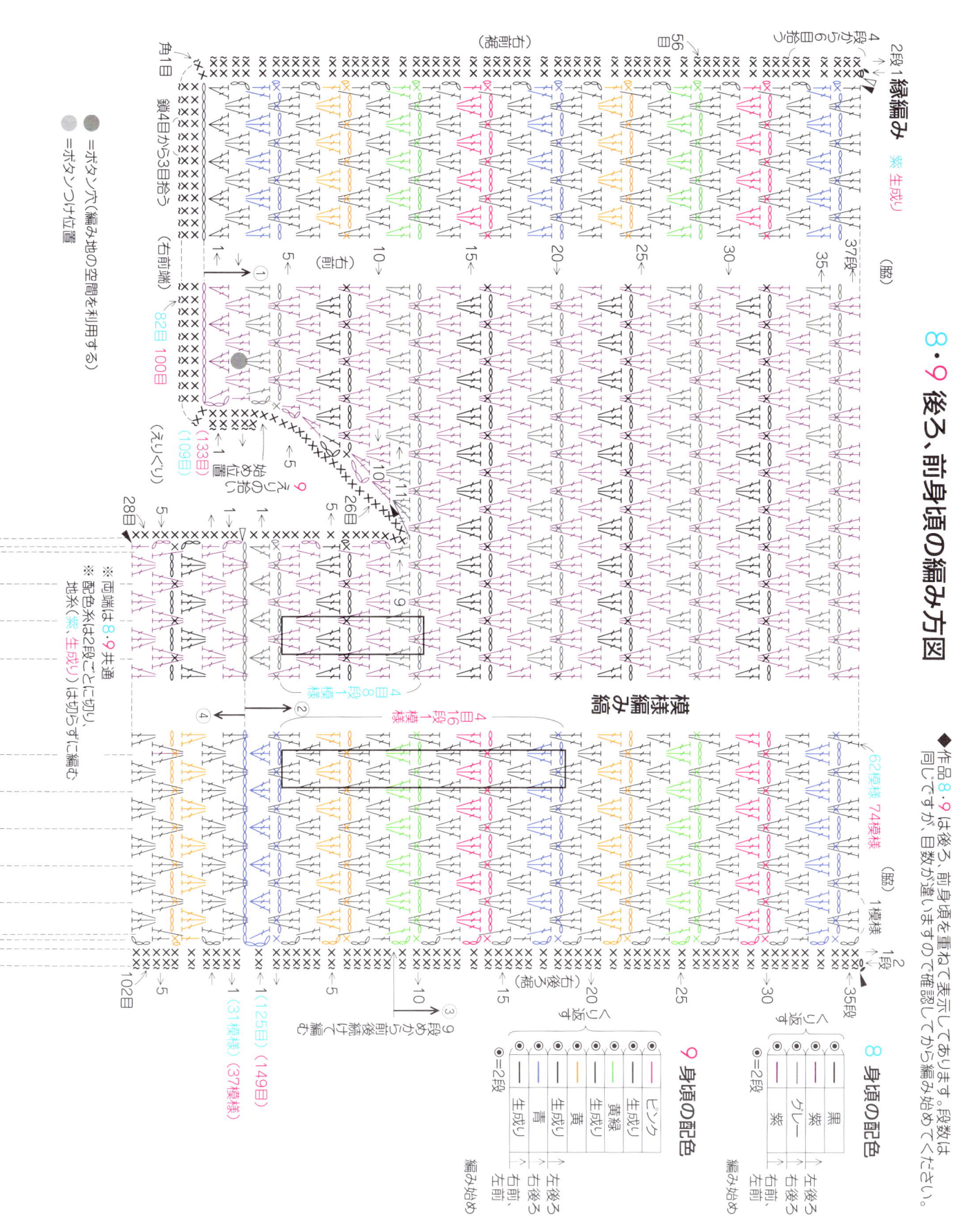

針の号数をかえて作る
Aラインベスト

デザイン_ 河合真弓　編み図_68ページ

no.10

　深めのVあきがシャープな、シルエットの美しさを誇るAラインチュニック。
Aラインを創り出しているのは増減目ではなく、編み針の針の号数を変えるこ
とで広がりを出しているかんたんテク。覚えておくと便利です。

no.11

作品10を応用して、季節の変わり目に重宝な前あきのカーディガンに。手編みのオリジナルだからこそ、着たけ、袖たけが自分好みに仕上げられて、着やすい一枚に完成できます。

針の号数をかえて作る Ａラインベスト

guidance ／今福恵美子

● 本誌58ページ、作品10（ＳＭサイズ）の詳しい編み方を解説します。
　編み図は68ページにあります。

● 作品は段染め糸を使用していますが、プロセスでは編み目をわかりやすくするため、
　別糸にかえて編んでいます。また、ポイントには別色の糸も使用しています。

用具をそろえる

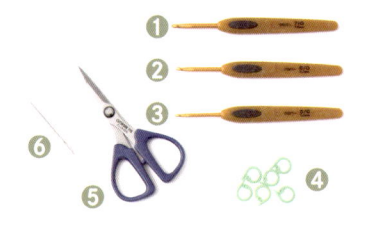

❶ 7/0号かぎ針（身頃・縁編み用）
❷ 6/0号かぎ針（身頃用）
❸ 5/0号かぎ針（身頃・縁編み用）
❹ 段数リング
　（段を数えながら編みすすむために）
❺ はさみ
❻ とじ針（糸端の始末などに）

※ 糸のかけ方と針の入れ方は、写真解説のほか「編み目
　記号と基礎」（P.138〜143）も併せて参照してください。

1. 後ろ身頃を編む

目を作る―鎖編みの作り目、作り目からの目の拾い方（P.138）

模様編み

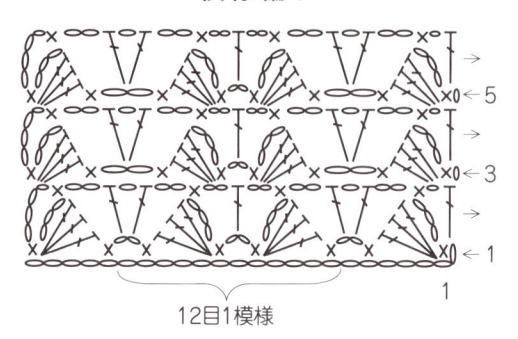

→←5
→←3
→←1

12目1模様
1

※ 後ろ、前身頃は鎖131目作り、11模様で編み
　始めます。
※ 文中の持ちかえる＝編み地はつねに反時計回
　りに持ちかえます。
※ リングは、1段めを編むときに次に編み入れ
　る位置にかけかえながら編みすすめます。

細編み・長編み（p.138）

1 7/0号針で糸
輪を作ります。

2 糸の交点を指
で押さえ、針
に糸をかけて
引き抜きます。

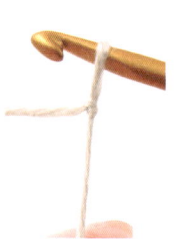

3 糸輪を引き締
めます。

4 針に糸をかけ
て引き出すを
くり返し、必
要目数（131
目）の鎖を編
みます。

1段め

5 鎖1目で立ち
上がり、細編
み1目を編み
ます。

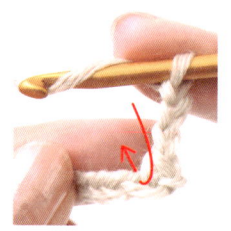

6 続けて鎖3目を編
み、同じ位置に長
編み3目を編み入
れます。

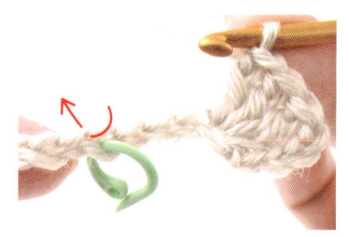

7 3目とばして4目めに細編みを
編みます。

8 続けて鎖2目を編み、1目とばして2目めに細編みを編みます。

9 3目とばして鎖4目めに長編みを3目編みます。

10 続けて鎖3目を編み、同じ位置に細編みを編みます。

11 鎖2目編み、1目とばして2目めに細編みを編みます。

12 ⑥〜⑪をくり返し、11模様編みます。

13 1段めが編み終わりました。

2段め

14 編み地を持ちかえて鎖4目を編みます。前段の鎖3目に束（P.143）に針を入れて細編みを編みます。

15 続けて鎖2目を編みます。

16 前段の鎖2目に束に針を入れて長編み・鎖編み・長編みを各1目編みます。

17 鎖2目を編みます。

18 前段の鎖3目に細編みを編み、鎖2目を編みます。

19 前段の鎖2目に束に針を入れて長編み1目、続けて鎖2目を編みます。前段の鎖3目に細編みを編み、模様を続けます。

20 編み終わりは鎖1目を編み、前段の細編みに長編みを編みます。

3段め

21 編み地を持ちかえます。

22 立ち上がり鎖1目と細編み1目を編みます。続けて鎖3目を編み（写真左）、前段の鎖1目に長編み3目を編み入れます（写真右）。

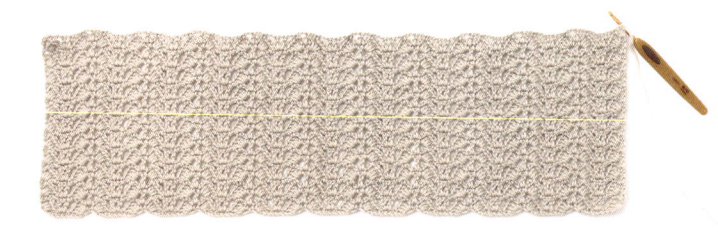

a

針の号数をかえながら脇たけを編みます。まず、7/0号針で増減なく22段編みます。

23 前段の鎖編みに束に針を入れて細編みを編み、記号どおり模様をくり返して編みます。

b (a)の22段に続けて、6/0号針で増減なく26段編みます。

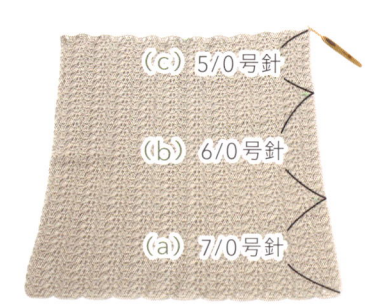

(c) 5/0号針
(b) 6/0号針
(a) 7/0号針

c (b)の26段に続けて、5/0号針で増減なく18段編みます。針の号数をかえることにより増減なしでも脇たけがAラインのシルエットに編めます。

▶袖ぐりを編む

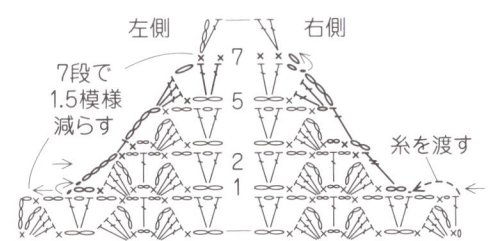

左側　右側

7段で1.5模様減らす

糸を渡す

糸を渡す（p.143）
引き抜き編み（p.141）
長々編み（p.139）
中長編み（p.138）

1段め編み始め

〈右側〉

1 脇の編み終わりの糸輪を引き出し、糸玉をくぐらせ、引き締めます。

糸を渡す

2 糸を渡して前段の長編みに引き抜いて鎖2目を編み、模様を続けます。※渡す糸が短くならないように注意します。

1段め編み終わり

〈左側〉

3 右側から模様を続け、細編み1目・鎖2目を編み、前段の長編みに引き抜きます。

2段め編み始め

4 持ちかえて前段の鎖の目に引き抜き、鎖4目を編みます。前段の鎖3目に細編みを1目編み、模様を続けます。

2段め編み終わり

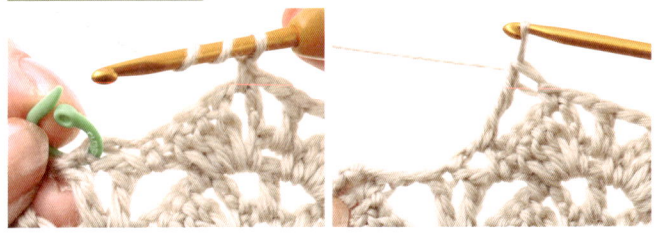

5 前段の鎖3目に細編み、鎖2目に長々編みを編みます。

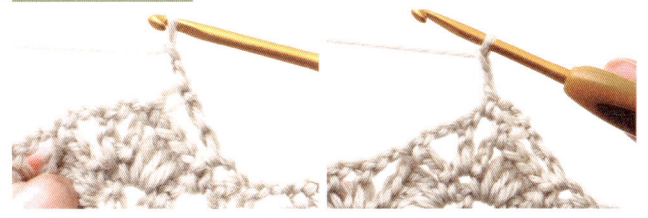

6 持ちかえて鎖2目で立ち上がり（写真左）、細編み・鎖2目と模様を続けます。

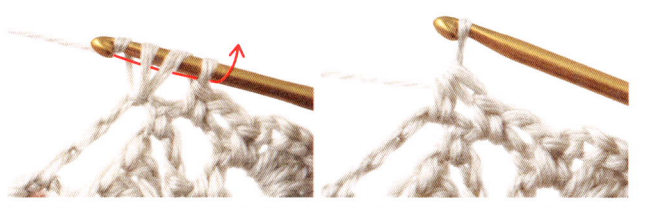

7 細編み1目を編み、前段の立ち上がり鎖4目に中長編みを編み入れます。

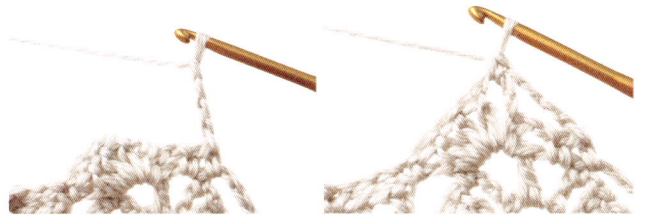

8 持ちかえて鎖4目を編み（写真左）、前段の鎖3目に細編みを1目編んで、模様を続けます。

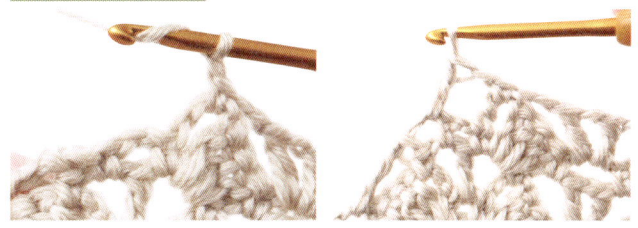

9 細編み1目・鎖1目編んだら（写真左）、前段の立ち上がり鎖2目に長編み1目（写真右）を編み入れます。

10 持ちかえて鎖3目で立ち上がり、前段の鎖1目に長編み2目を編み入れ、模様を続けます。

11 細編み1目を編み、前段の鎖4目に長編み3目を編み入れます。

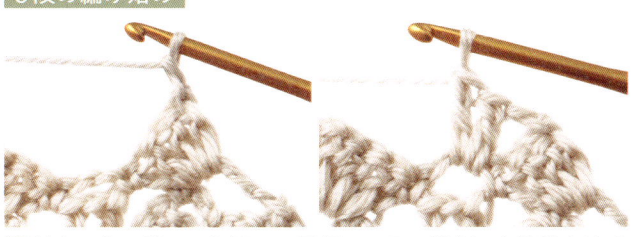

12 持ちかえて鎖1目を編み、長編み2目・鎖編みと模様を続けます。

13 鎖1目編んだら、前段の立ち上がり鎖3目めに引き抜きます。

14 鎖1目で立ち上がり、前段の長編みに細編みを1目ずつ編みます。

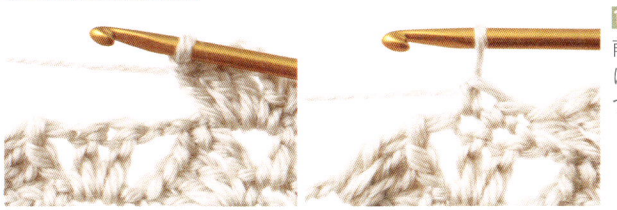

15 前段の長編み2目に細編みを1目ずつ編み入れます。

16 8段めからは増減なく40段めまで編みます。

▶後ろえりぐりを編む

40段 ← 8模様

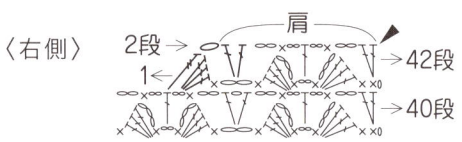

〈右側〉 2段→ 肩 →42段
1← →40段

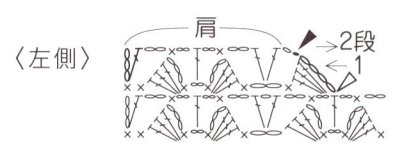

〈左側〉 肩 →2段
←1

1段め編み終わり
〈右側〉

1 編み終わりは肩とえりぐり分の長編み3目と長々編み1目を編みます。

2段め編み始め

2 持ちかえて、立ち上がりの鎖1目・長編み2目と模様をくり返し、最終段を編みます。

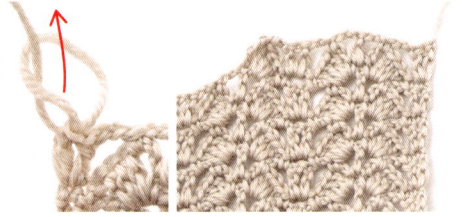

3 肩はぎ分の約4倍の糸を残して切り、糸輪の中にくぐらせて引き締めます。

1段め編み始め
〈左側〉

4 指定の位置に糸をつけ、鎖4目で立ち上がり、左端まで編みます。

2段め編み始め

5 持ちかえて鎖3目で立ち上がり、前段の細編みに長編みを1目編み入れます。

2段めの編み終わり

6 編み終わりは前段の立ち上がりの鎖4目めに引き抜きます。

7 肩はぎ分約4倍の糸を残して切り、糸輪の中にくぐらせて引き締めます。

2段
42段

後ろ身頃が編めました。

2. 前身頃を編む 　長編み2目一度（P.140）　※後ろ見頃と同様に脇たけまで66段編みます。

▶ 左えりぐりを編む

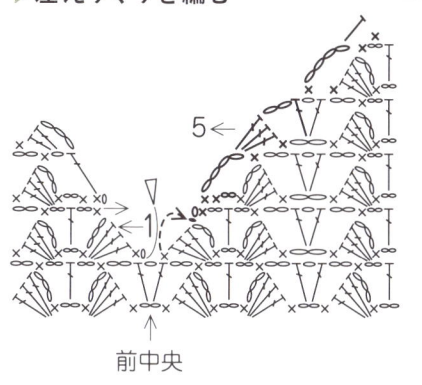

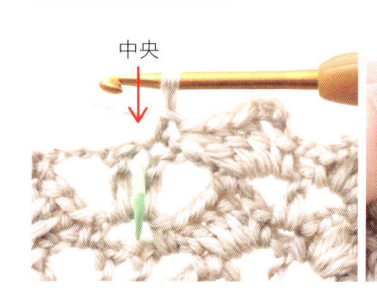

1段め編み終わり

中央

<table><tr><td>1</td><td>袖ぐり1段めの減らしに続けて、前中央まで編みます。糸玉を糸輪の中にくぐらせ、引き締めます。</td></tr></table>

2段め編み始め

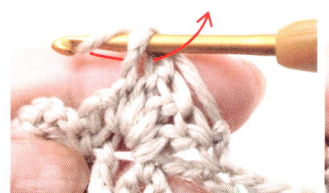

2 持ちかえて糸を渡して鎖3目に引き抜き、立ち上がりの鎖1目・細編みと模様を続けます。

3段め編み終わり

3 持ちかえて模様を続け、鎖2目・細編み2目を編みます。

4段め編み始め

4 持ちかえて立ち上がりの鎖4目編み、前段の鎖3目に細編みを編み、模様を続けます。

5段め編み終わり

5 持ちかえて模様を続け、前段の鎖2目に細編み1目、立ち上がり鎖4目に長編み3目を編み入れます。

6段め編み始め

6 持ちかえて立ち上がり鎖2目を編み、模様を続けます。

7段め編み終わり

7 持ちかえて模様を続け、細編み2目を編みます。

8段め編み始め

8 持ちかえて鎖4目を編み、前段の鎖3目に細編みを編んで模様を続けます。

9 持ちかえて模様を続け、細編み1目、中長編み1目を編みます。

10
10段めからは、**2**〜**9**
の要領で記号どおりに
編みます。

※ 右えりぐりは中央から
　糸をつけて編み始めます。

前身頃が編めました。

3. まとめ ▶肩をはぐ

※ 後ろ、前身頃を中表に合わせます。右肩は肩
先から、左肩はえりぐり側から針を入れます。

●=引き抜く位置 ※記号図は表側を表示しています。

1 手前側と向こう側の目に
針を入れ、糸をかけます。

2 糸を引き出します。

3 次の目に**1**・**2**をも
う一度くり返します。

4
そのまま、2目め
を1目めの中に
引き抜きます。

5 鎖2目を編みます。

6 **3**〜**5**をくり返します。

7 最後は引き抜き、糸端を糸の中に
入れ、糸を引き締めます。

〈表側〉

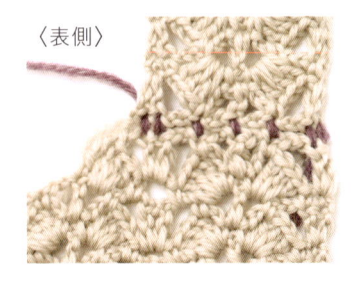

8
長編みと細編み
位置は引き抜き、
鎖部分は鎖2目
を編みます。

▶ **脇をとじる** ┃ **鎖とじ（P.142）** ※後ろ、前身頃を中表に合わせ、裾側から針を入れます。

 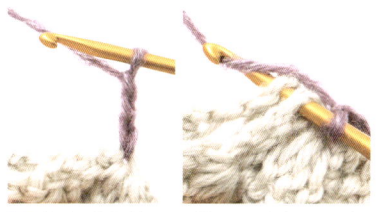  

〈表側〉

1 手前側と向こう側の目に針を入れて糸をかけ、一度に引き抜きます。

2 糸を引き締めて鎖3目を編み、細編み位置で引き抜きます。

3 **2** をくり返します。

4 細編み位置は引き抜き、長編み部分は鎖3目を編みます。

▶ **縁編みを編む**

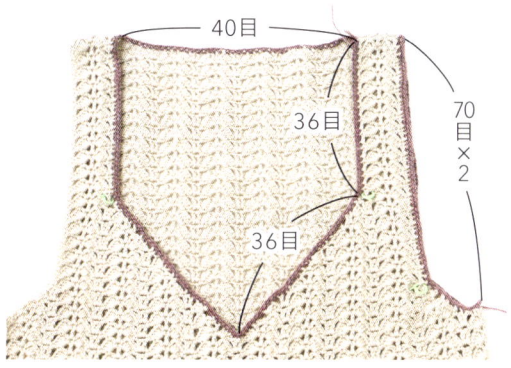

40目
36目
70目×2
36目

※えりぐり・袖ぐり・裾は、はじめに細編み1段で整えます。
※えりぐりは左肩、袖ぐりと裾は脇から編み始めます。

縁編み

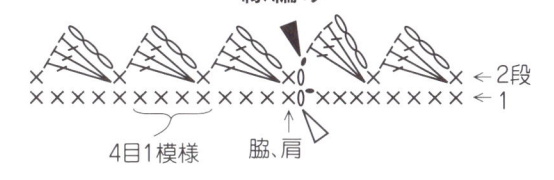

4目1模様　　脇、肩　　　←2段 ←1

1段め

1 針を手前から入れて糸を引き出し、立ち上がりの鎖1目・細編み1目を編みます。

2 指定目数の細編みを編み入れます。

2段め

3 編み終わりは **1** の細編み1目に引き抜きます。

4 鎖1目で立ち上がり、細編み1目を編みます。

5 続けて鎖3目を編みます。

6 **4** と同じ位置に長編みを3目編み入れ、3目とばして前段の細編み4目めに細編みを編みます。

完成！

7 模様をくり返し、**4** の細編みの頭に引き抜いて糸を切ります。

8 糸端を裏側に出し、編み地にくぐらせて始末します。

裏側からとじ、はぎの部分にスチームアイロンをあてます。表に返して、アイロンを少し浮かせてあて、形を整えます。

針の号数をかえて作る Aラインベスト

作品 no.10,11 ▸▸▸ 58・59ページ

材料と用具

糸 10 並太タイプの毛糸　ブルー・グリーン系段染めを
　　　SMサイズに310g、Lサイズに380g
　　11 並太タイプの毛糸　からし・赤・グリーン系段
　　　染めをSMサイズに340g、Lサイズに420g
針 10 5/0号・6/0号・7/0号かぎ針
　　11 5/0号・6/0号かぎ針
付属品 11に直径1.8cmのボタンを6個

ゲージ

10・11共通　1模様 4.1cm15段 10cm（5/0号針）
　　　　　　1模様 4.3cm14段 10cm（6/0号針）
10 1模様 4.5cm13段 10cm（7/0号針）

でき上がり寸法

※数字は順にSM・Lサイズ

10 胸回り 90cm・106cm　着たけ 77.5cm・79cm　背肩幅 34.5cm・42.5cm
11 胸回り 91cm・107cm　着たけ 53.5cm・55cm　背肩幅 32.5cm・40.5cm　袖たけ 43cm・44.5cm

編み方要点

1 後ろ、前、11の袖は**鎖編みの作り目**をし、針の号数
をかえながら図を参照して編みます。11は前あきの
ため、左右対称に2枚編みます。
2 肩は鎖はぎ、脇、袖下は**鎖とじ**で合わせます。
3 縁編みはそれぞれ輪に編みます。11は右前端にボタ
ン穴を作ります。
4 11の袖は身頃に鎖とじでつけ、**ボタンをつけて**仕上
げます。

●作品10（SMサイズ）の詳しい編み方は60ページからの「編みもの教室」を参照してください

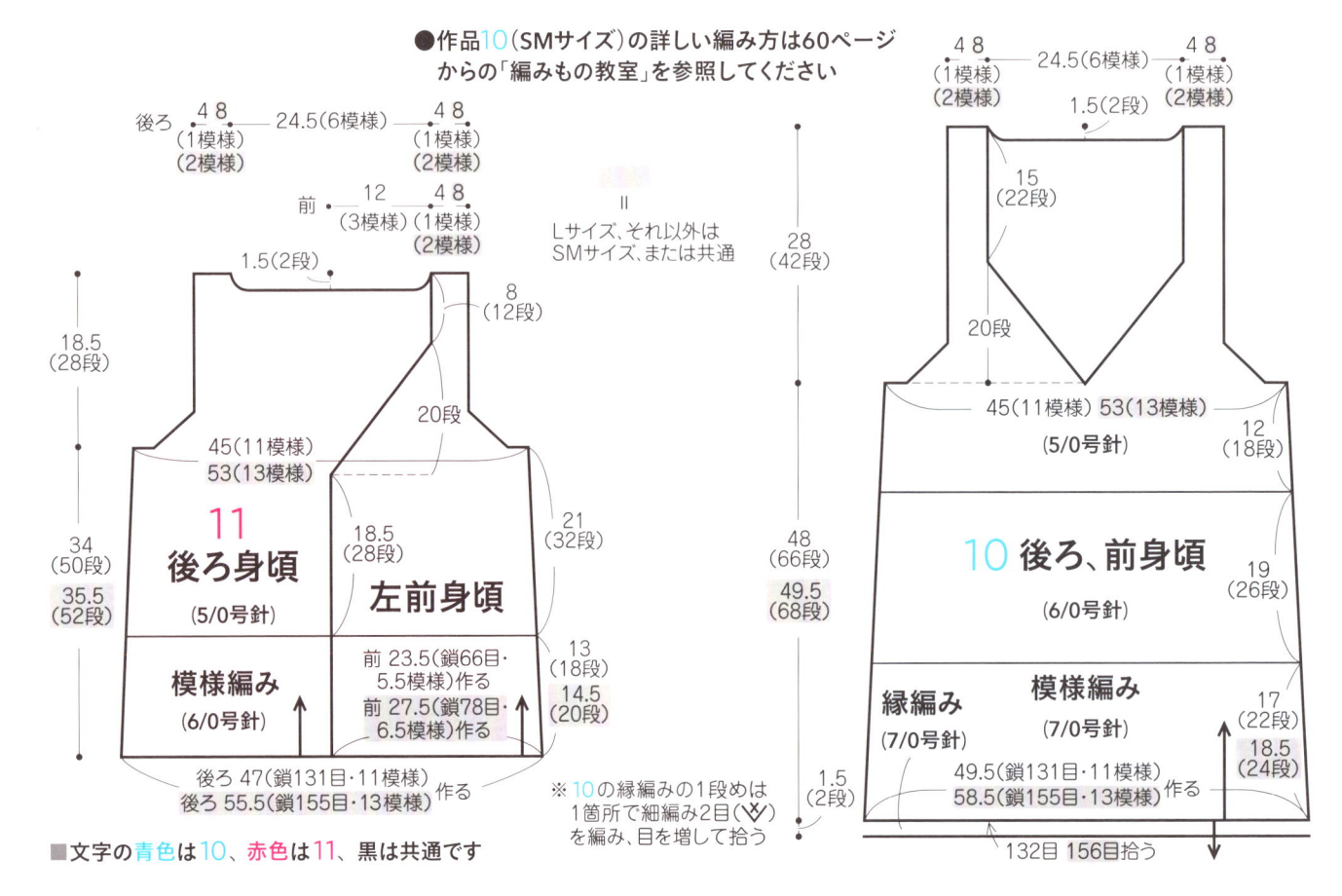

■文字の青色は10、赤色は11、黒は共通です

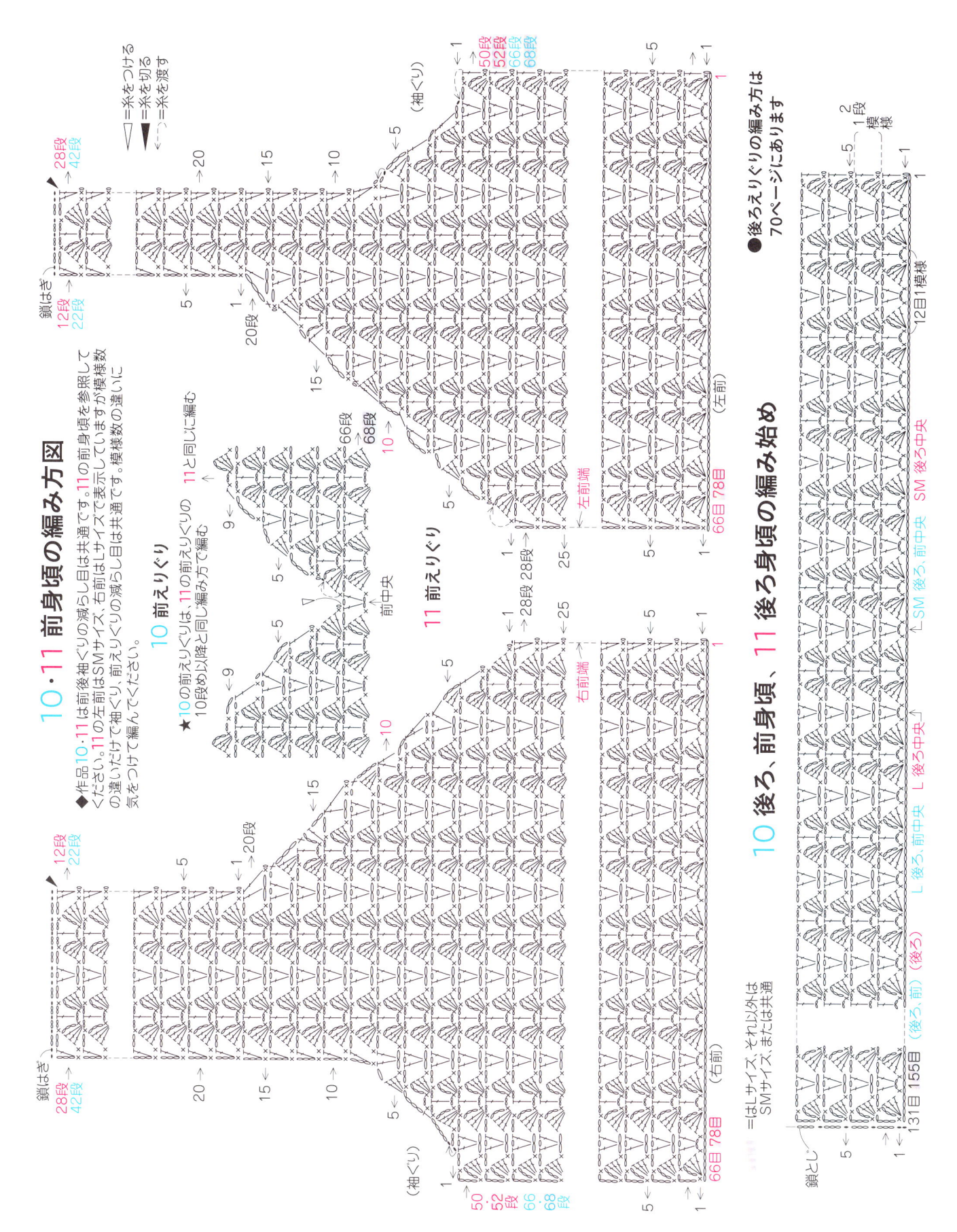

10・11 前身頃の編み方図

◆作品10・11は前後袖ぐりの減らし目は共通です。11の前身頃を参照してください。11の左前はSMサイズ、右前はLサイズで表示していますが模様数の違いだけで袖ぐり、前えりぐりの減らし目は共通です。模様数の違いに気をつけて編んでください。

10 前えりぐり

★10の前えりぐりは、11の前えりぐりの10段めから以降と同じ編み方で編む

11 前えりぐり

●後ろえりぐりの編み方は
70ページにあります

10 後ろ、前身頃、11 後ろ身頃の編み始め

▷＝糸をつける
▶＝糸を切る
⤙⤚＝糸を渡す

69

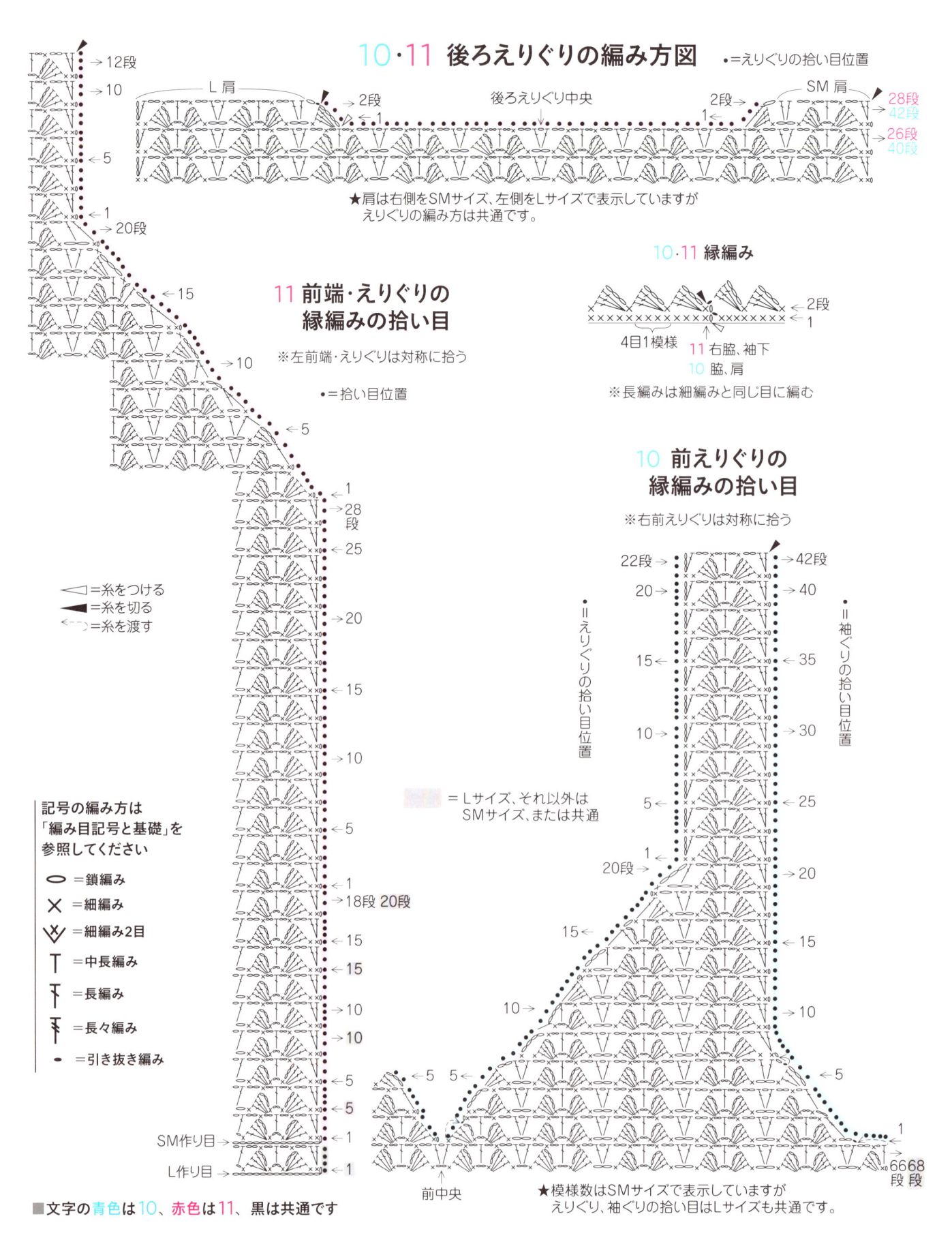

10·11 後ろえりぐりの編み方図　●=えりぐりの拾い目位置

★肩は右側をSMサイズ、左側をLサイズで表示していますが
えりぐりの編み方は共通です。

11 前端・えりぐりの
縁編みの拾い目

※左前端・えりぐりは対称に拾う

●=拾い目位置

10·11 縁編み

4目1模様
11 右脇、袖下
10 脇、肩

※長編みは細編みと同じ目に編む

10 前えりぐりの
縁編みの拾い目

※右前えりぐりは対称に拾う

◁=糸をつける
◀=糸を切る
←=糸を渡す

記号の編み方は
「編み目記号と基礎」を
参照してください

○=鎖編み
×=細編み
Ｗ=細編み2目
丅=中長編み
千=長編み
キ=長々編み
・=引き抜き編み

=Lサイズ、それ以外は
SMサイズ、または共通

前中央

★模様数はSMサイズで表示していますが
えりぐり、袖ぐりの拾い目はLサイズも共通です。

■文字の青色は10、赤色は11、黒は共通です

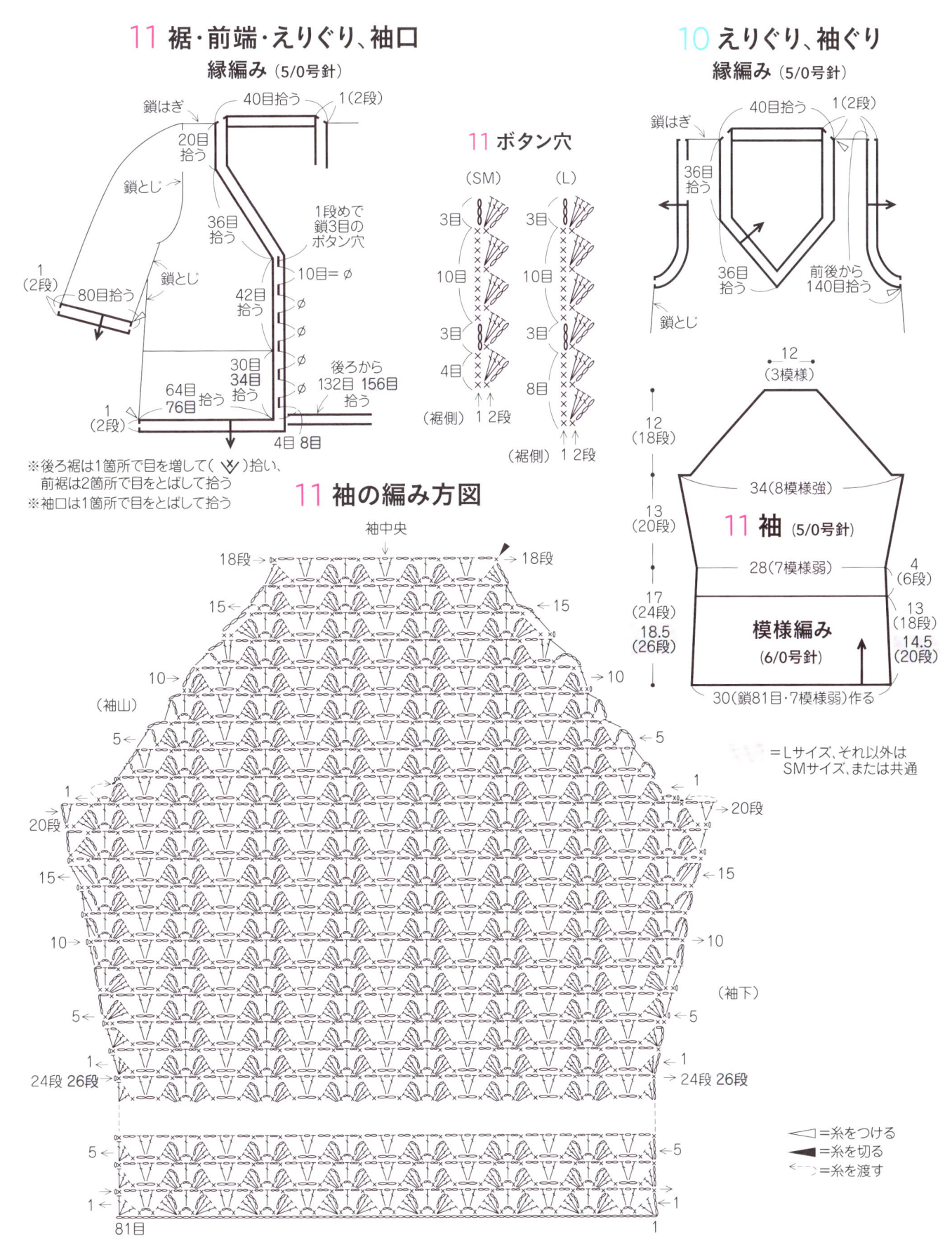

11 裾・前端・えりぐり、袖口
縁編み（5/0号針）

10 えりぐり、袖ぐり
縁編み（5/0号針）

11 ボタン穴

11 袖の編み方図

11 袖（5/0号針）

模様編み（6/0号針）

鎖はぎ
40目拾う　1（2段）
20目拾う
鎖とじ
1（2段）
80目拾う
鎖とじ
36目拾う
1段めで鎖3目のボタン穴
10目＝∅
42目拾う　∅　∅　∅
30目 34目 76目 64目拾う
∅
後ろから 132目 156目拾う
1（2段）
4目 8目

※後ろ裾は1箇所で目を増して（ ）拾い、
　前裾は2箇所で目をとばして拾う
※袖口は1箇所で目をとばして拾う

（SM）　（L）
3目　3目
10目　10目
3目　3目
4目　8目
（裾側）1 2段　（裾側）1 2段

鎖はぎ
40目拾う　1（2段）
36目拾う
鎖とじ
前後から140目拾う

12（3模様）
12（18段）
34（8模様強）
13（20段）
28（7模様弱）　4（6段）
17（24段）18.5（26段）
13（18段）14.5（20段）
30（鎖81目・7模様弱）作る

● =Lサイズ、それ以外はSMサイズ、または共通

袖中央
18段　18段
15　15
10（袖山）　10
5　5
1　1
20段　20段
15　15
10　10
5（袖下）　5
1　1
24段 26段　24段 26段
5　5
1　1
81目　1

◁▭ =糸をつける
◀ =糸を切る
◁--- =糸を渡す

71

スクエア形の
花モチーフつなぎのプル

デザイン_河合真弓　編み図_82ページ

no.12

中央に愛らしい花を飾ったスクエアモチーフつなぎ。身頃、袖、えり
の順に編みつないでいきます。流行に左右されず、いつの時代にも新鮮
さを失わない定番アイテム。モチーフつなぎの不思議な魅力です。

使用糸／ダイヤモンド毛糸　ダイヤポルト

variation

no.13

生成りのナチュラルカラーがモードな印象のプル。ハイネックのえりぐりでモダンシルエットを完成させています。春夏らしい涼しげなモチーフ柄も素敵です。七分袖で軽やかに。

使用糸／ダイヤモンド毛糸
ダイヤコスタファイン

スクエア形の 花モチーフつなぎのプル

guidance／河合真弓

- 本誌 72 ページ、作品12の詳しい編み方を解説します。編み図は 82 ページにあります。
- 作品はダイヤモンド毛糸　ダイヤポルトのグレーを使用していますが、プロセスではサンドベージュを使用しています。またポイントでは別色の糸を使っています。

用具をそろえる

① 4/0号かぎ針
② はさみ
③ とじ針（糸始末用）

※ モチーフは 1 枚のモチーフを完成させ、2 枚めからは最終段で隣り合うモチーフとつなぎ合わせて 1 枚ずつ編み進めます。この作品は横にモチーフを編みつないでいますが、縦に編みつなぐことも可能です。
※ 糸のかけ方と針の入れ方は、写真解説のほか、「編み目記号と基礎」（138〜143 ページ）も併せて参照してください。

1. モチーフを編む

目を作る―鎖編みの作り目（P.138）

細編み（P.138）
引き抜き編み（P.141）
細編み3目一度
長編み（P.138）
長々編み（P.139）

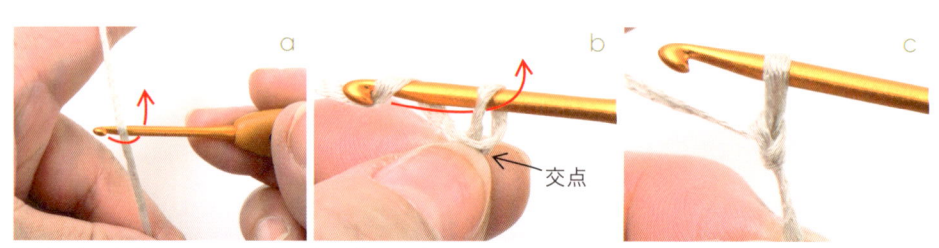

↖交点

1 左手に糸をかけ、かぎ針を糸の向こう側におきます。針を手前に引き、矢印のように回して輪を作ります（a）。交点を親指と中指で押さえ、針に糸をかけて引き出します（b）。作り目ができたところ（c）。糸輪を引き締めます。この目は 1 目と数えません。

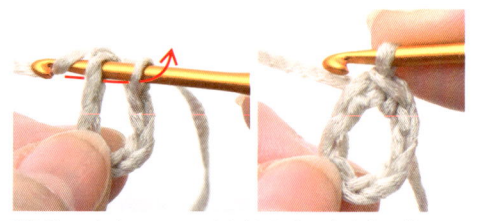

1 段め

2 もう一度針に糸をかけて引き出します。引き出した目が鎖の 1 目めになります。

3 **2** をくり返して鎖を 8 目作ります。1 目めの鎖の半目と裏山に針を入れます。

4 針に糸をかけて引き抜き（写真左）、作り目を輪にします。次はこの輪に細編みを編み入れます。

5 立ち上がりの鎖を 1 目編みます。

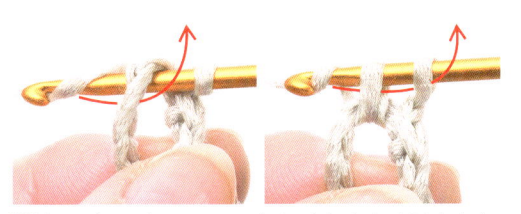  

6 輪の中に針を入れて糸を引き出し（写真左）、針に糸をかけて2ループを引き抜きます。

7 細編みが1目編めたところ。6 をくり返して全部で16目細編みを編み入れます。

8 16目編めたところ（写真左）。矢印のように1目めに針を入れ、糸をかけて引き抜きます（引き抜き編み）。

2 段め  a  b  c

9 立ち上がりの鎖1目を編み、細編みを1目編みます（a）。鎖13目を編み、細編みと同じ目に針を入れ（b）、引き抜き編みをします（c）。

10 鎖14目を編み、次の目に引き抜き編みをします。

11 鎖13目を編み、10 で引き抜き編みをした目と同じ目に細編みを編みます。

12 立ち上がりの鎖を除いて 9 〜 11 をくり返します。

13 全部で8回くり返し編んだところ。

14 編み終わりは編み始めの細編みに針を入れて引き抜きます。

15 次に3段めを編むために鎖の半目と裏山を拾って引き抜いていきます。

16 1目引き抜いたところ（写真左）。鎖1目に1目の引き抜き編みをあと5回くり返し、全部で6目引き抜き編みをします。

3 段め

17 立ち上がりの鎖を1目編みます。

a b c

18 次に前段の鎖のループを3目一度の細編みでまとめます。鎖3ループ中央のループに針を入れ（a）、次に右側のループに入れ（b）、続けて左側のループの順に針を入れます（c）。針に糸をかけて引き出します。

19 針に糸をかけて2ループを引き抜きます（写真左）。中上3目一度の細編みでループをまとめます。

20 鎖7目を編み、18〜20をくり返します。

21 3ループまでまとめたところ。

22 3段めの最後は鎖3目を編み、長々編みを編みます。針に糸を2回かけます。

23 編み始めの細編み3目一度の目に針を入れ、針に糸をかけて糸を引き出します（写真左）。針に糸をかけて2ループを引き抜きます。

24 針に糸をかけて2ループずつ2回引き抜きます。

25 長々編みが編めました。

26 3段めまで編めたところ。

4 段め

27 立ち上がりの鎖1目を編み、細編みは前段の鎖の下に針を入れて束に拾って記号図どおり編みます。

28 4段めの最後は鎖2目を編み、長編みを編みます。針に糸をかけて編み始めの細編みに針を入れます。

29 針に糸をかけて糸を引き出し（写真左）、もう一度針に糸を
かけて2ループを引き抜きます。

30 さらに針に糸をかけて2ル
ープを引き抜きます。

31 長編みが編めました。

5段め

32 4段めまで編めたところ。

33 立ち上がりの鎖3目を編み
ます。

34 針に糸をかけて前段を束に拾って長編みを編みます。

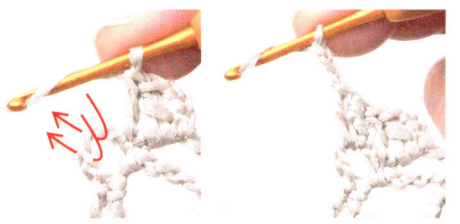

35 前段の細編みに針を入れて長編みを編みます。

36 前段の鎖5目のループを束に拾って長編み
2目、鎖3目を編みます。

37 同じ鎖5目のループに
長編み2目を編みます。

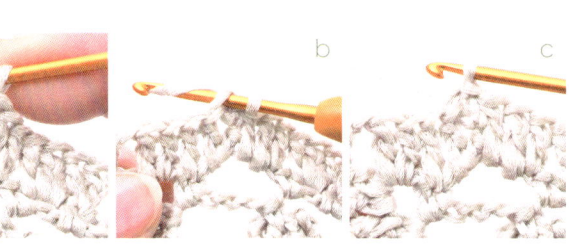

a　　　　　　b　　　　　　c

39
5段めの編み終わり
は立ち上がりの鎖3
目めに針を入れ（a）、
針に糸をかけて（b）、
引き抜きます（c）。

38 途中まで編んだところ。

40
5段めまで
編めたところ。

6段め

41
同じ要領で
6段めを
編みます。

7段め

42
同じ要領で
7段めを
編みます。

8段め角

43 同じ要領で8段めを編み始めます。細編みは長編みの頭を拾って編みますが、角は鎖を束に拾って編みます。

44 1目めに引き抜いてモチーフが編めたところ。

▶糸端の始末

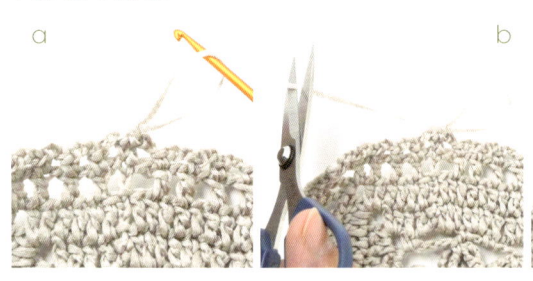
a　b　c

45 糸端の始末をします。編み終わりの糸を引き伸ばし（a）、糸を切って（b）、糸を引き抜きます（c）。

裏

46 引き抜いた糸をとじ針に通し、編み始めの目に針を入れて裏側に糸を出します（写真左）。7段めの長編みの頭に針を通して糸を切ります。

裏

47 作り目の糸端は細編みに針を通して糸を切ります。

2. 後ろ、前身頃の脇たけを編みつなぐ
※ P.82の編み図どおりの順番につなぐ

▶モチーフをつなぐ

2　1

1 モチーフ2は8段めの最終段でモチーフ1と編みつなぎます。

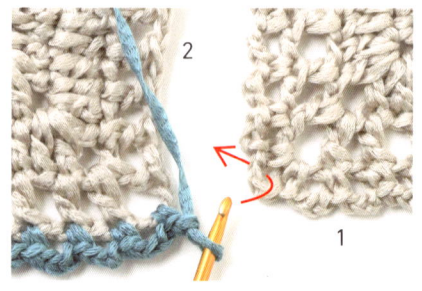
2　1

2 モチーフ2の角で細編み1目、鎖1目を編んだらモチーフ1の角に針を入れます。

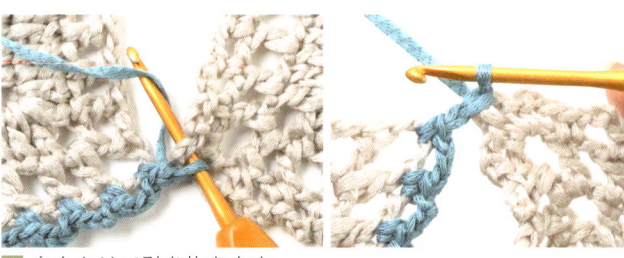
3 糸をかけて引き抜きます。

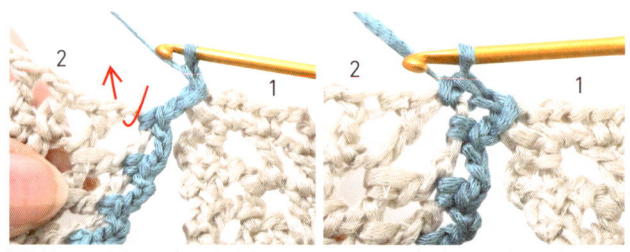
2　1　2　1

4 鎖1目を編み（写真左）、モチーフ2に細編みを編みます。

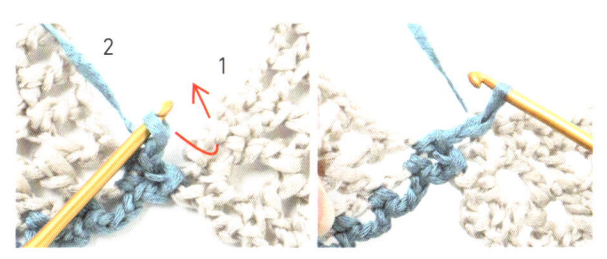

5 鎖1目を編み、モチーフ1に針を入れて引き抜きます。

6 **4**・**5**をくり返してモチーフを編みつなぎます。

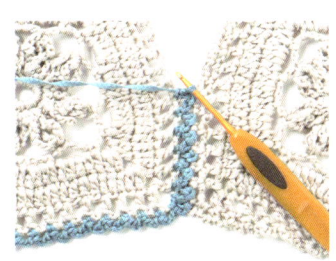

7 途中までつないだところ。

8 モチーフが2枚つながりました。同じ要領でモチーフ8までつなぎます。

9 8枚つないで裾の1列が輪につながったところ。次は2列めを編みます。

▶角3枚めのつなぎ方

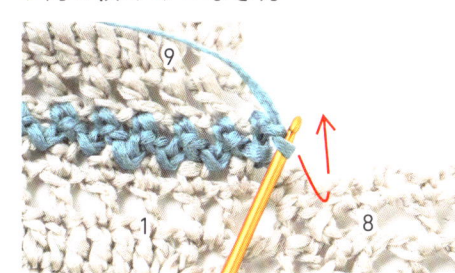

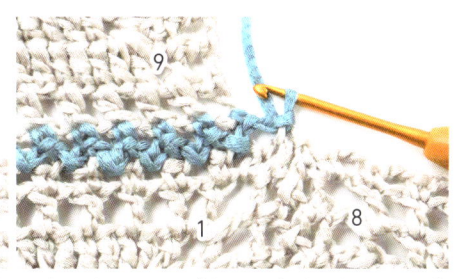

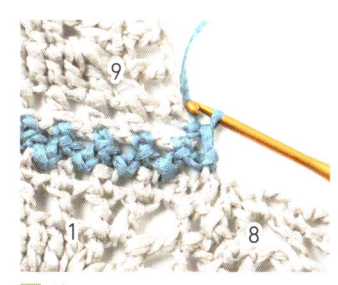

10 モチーフ9を編み進め、最終段で**2**〜**8**の要領で編みつなぎます。角まで編んだら鎖1目を編みます。モチーフ1とつないだモチーフ8の引き抜き編みの足2本に針を入れ（写真左）、糸をかけて引き抜きます（写真右）。モチーフ角の3枚めがつながったところ。

11 鎖1目を編み、モチーフ9の角に細編みを編みます。

▶角4枚めのつなぎ方

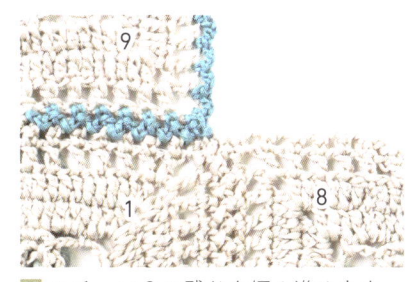

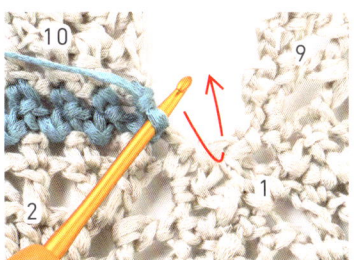

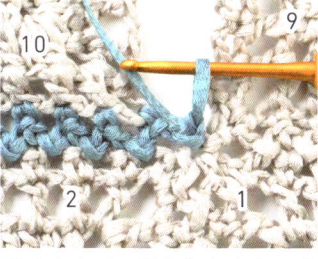

12 モチーフ9の残りを編み進めます。

13 モチーフ2の引き抜いた足2本に針を入れます。

14 糸をかけて引き抜きます。4枚の角がつながったところ。

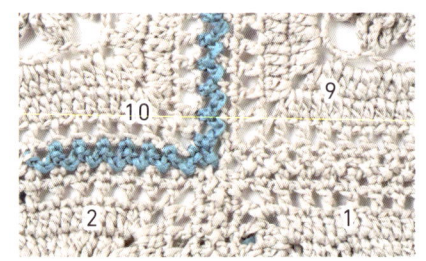

15
モチーフ9とつなぎます。同じ要領でモチーフ24まで編み進めます。

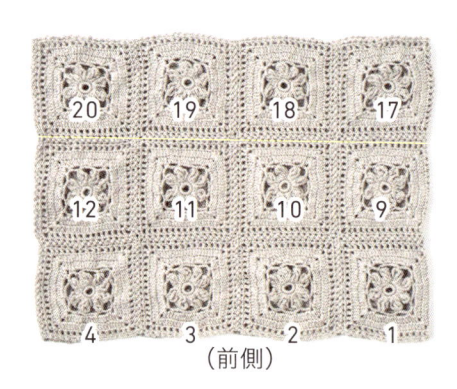

16
後ろ、前身頃脇たけのモチーフ24までの3列が編めたところ。次は左、右袖と袖に続く前身頃のモチーフ25〜40を袖下とつなぎながら編みます。

（前側）

3. 袖下を編みつなぐ

▶角（脇下）5枚めのつなぎ方

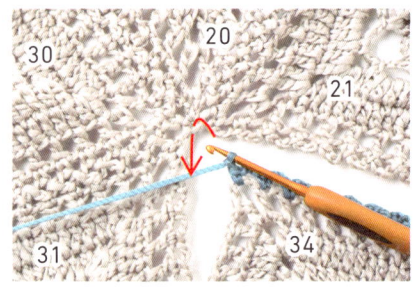

1
右袖のモチーフ34は脇下角に矢印のように針を入れます。

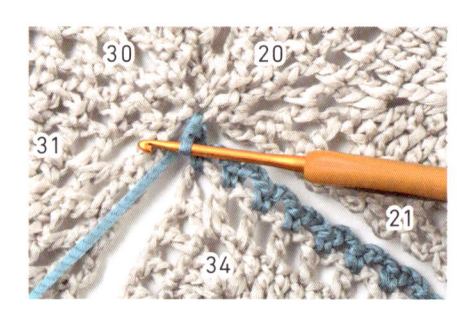

2
糸をかけて引き抜きます。

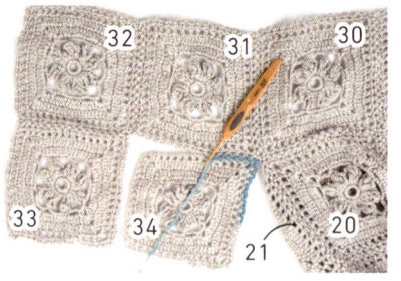

3 脇下5枚めがつながりました。袖下はモチーフ31と編みつなぎます。

▶角（脇下）6枚めのつなぎ方

4 モチーフ35は脇下で矢印のように針を入れます。

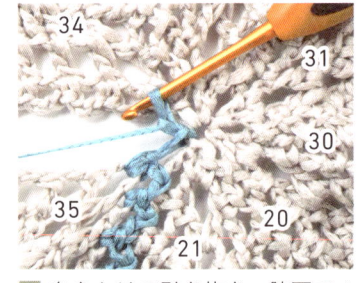

5 糸をかけて引き抜き、脇下で6枚めがつながったところ。

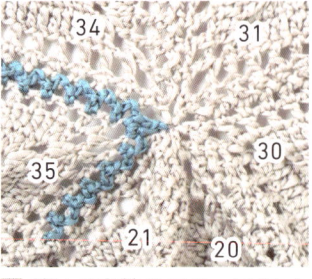

6 続けて右袖のモチーフ34とつなぎます。

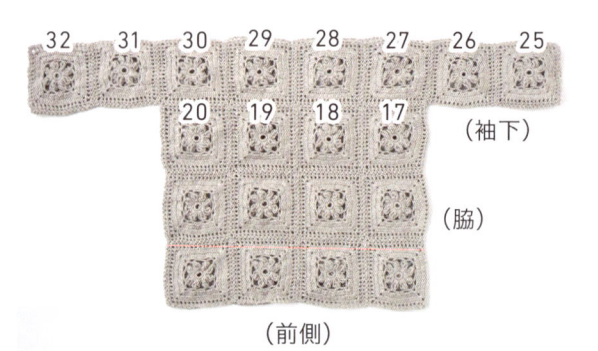

（袖下）

（脇）

（前側）

7 左脇下も同様につなぎます。両袖下が編めたところ。続けて肩線のモチーフ41〜43と44〜46の6枚を編みつなぎます。

4. えりを編みつなぐ

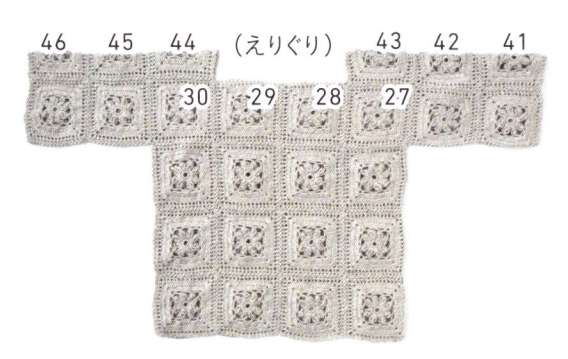

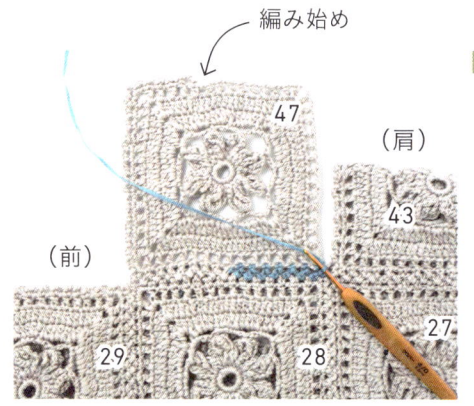

1 えりはモチーフ47〜50を編みます。

2 モチーフ47はえりぐりをつないだら肩のモチーフ43と引き抜きで8ネットつなぎます（8段めの途中から糸の色をかえています）。

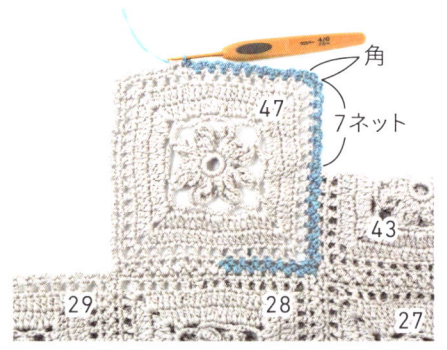

3 モチーフ43とつないだ後はつながずに7ネット編み、残りの一辺を編みます。モチーフ48は47と同じ要領でつなぎます。

4 モチーフ49は36のえりぐり、44の肩と48のえりとつなぎます。

5 モチーフ47と同様に7ネットまで44とつなぎます。

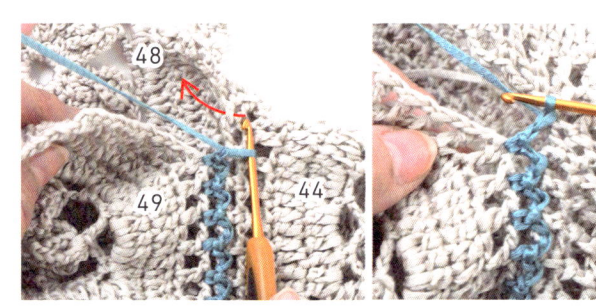

6 8ネットめはモチーフ48と44をつないでいる48の引き抜き編みの足2本を拾います。

7 続けてモチーフ48のえりとつなぎ、残りの一辺を編みます。モチーフ50も同様にえりぐり、肩、えりとつなぎます。

完成！

81

スクエア形の 花モチーフつなぎのプル

作品 no.12,13 ▶▶▶ 72・73ページ

材料と用具

糸 **12** ダイヤモンド毛糸　ダイヤポルト（30g巻・約99m …極太タイプ）のグレー（2102・廃色）を580g（20玉）

糸 **13** ダイヤモンド毛糸　ダイヤコスタファイン（35g巻・約164m…中細タイプ）の1101（生成り）を350g（10玉）

針 **12** 4/0号かぎ針　**13** 3/0号かぎ針

ゲージ **12** モチーフ1枚 13.5×13.5cm
　　　　13 モチーフ1枚 12.5×12.5cm

でき上がり寸法

12 胸回り108cm　着たけ60.5cm　ゆきたけ54cm
13 胸回り100cm　着たけ56cm　ゆきたけ50cm

編み方要点

1　鎖編みの作り目をし、輪にしてモチーフを編みます。

2　図を参照し、2枚めからは8段めで隣り合うモチーフと**引き抜き編み**でつなぎます。番号順に46枚編みますが、脇たけはモチーフ**24**まで前後輪につなぎ、モチーフ**25**からは袖下をつなぎながら編みます。

3　えりのモチーフ**47**から**50**の4枚は図を参照して輪に編みつなぎます。

12・13 前後身頃・袖
モチーフつなぎ

●作品12の詳しい編み方は74ページからの「編みもの教室」を参照してください

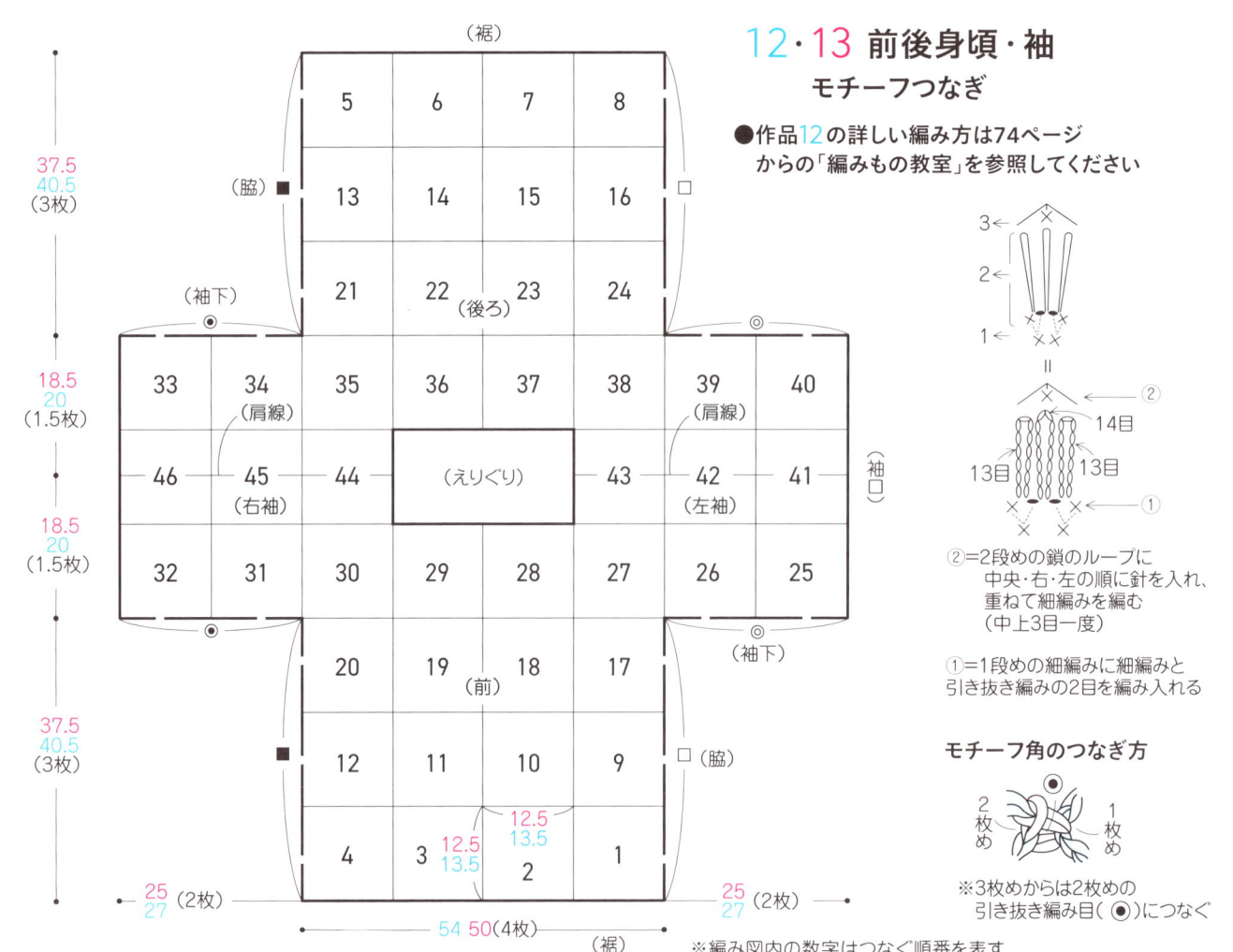

②=2段めの鎖のループに中央・右・左の順に針を入れ、重ねて細編みを編む（中上3目一度）

①=1段めの細編みに細編みと引き抜き編みの2目を編み入れる

モチーフ角のつなぎ方

※3枚めからは2枚めの引き抜き編み目（◉）につなぐ

※編み図内の数字はつなぐ順番を表す
※合印どうしを編みつなぐ

■文字の青色は12、赤色は13、黒は共通です

82

◀=糸を切る

		（後ろ）				
34	35	36	37	38	39	40
45	44	49	50	43	42	41

12・13 えり
モチーフつなぎ

		48	47			
45	44	48	47	43	42	41
31	30	29（前）	28	27	26	25
	20	19	18	17		

※合印どうしを編みつなぐ

12・13 えりのつなぎ方

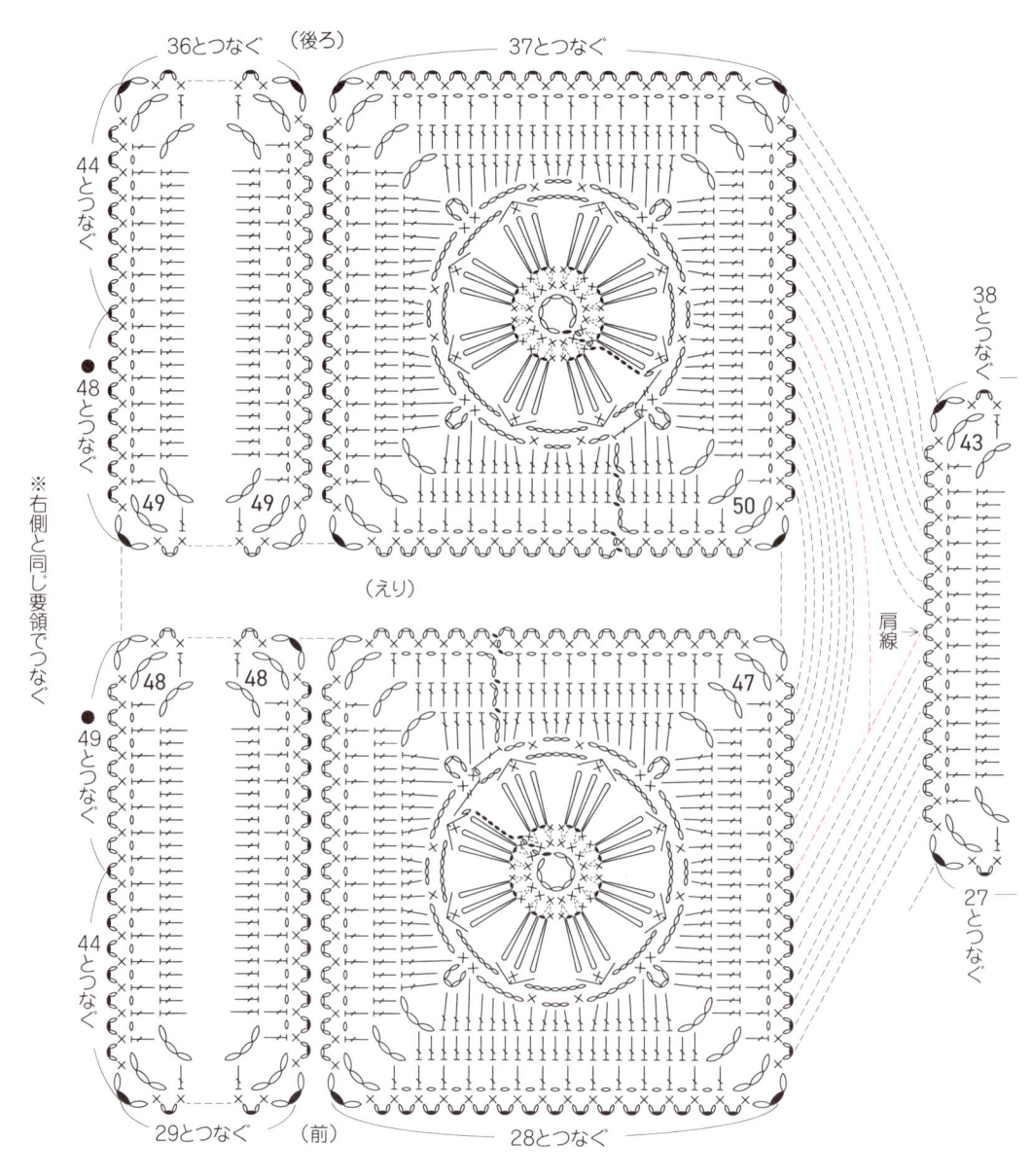

36とつなぐ （後ろ）　37とつなぐ
44とつなぐ
48とつなぐ
49　49
（えり）
50
38とつなぐ
43
※右側と同じ要領でつなぐ
48　48
49とつなぐ
47
肩線
44とつなぐ
27とつなぐ
29とつなぐ　（前）　28とつなぐ

■文字の青色は12、赤色は13、黒は共通です

12・13 脇下のつなぎ方 （左脇）

※右脇も同じ要領でつなぐ

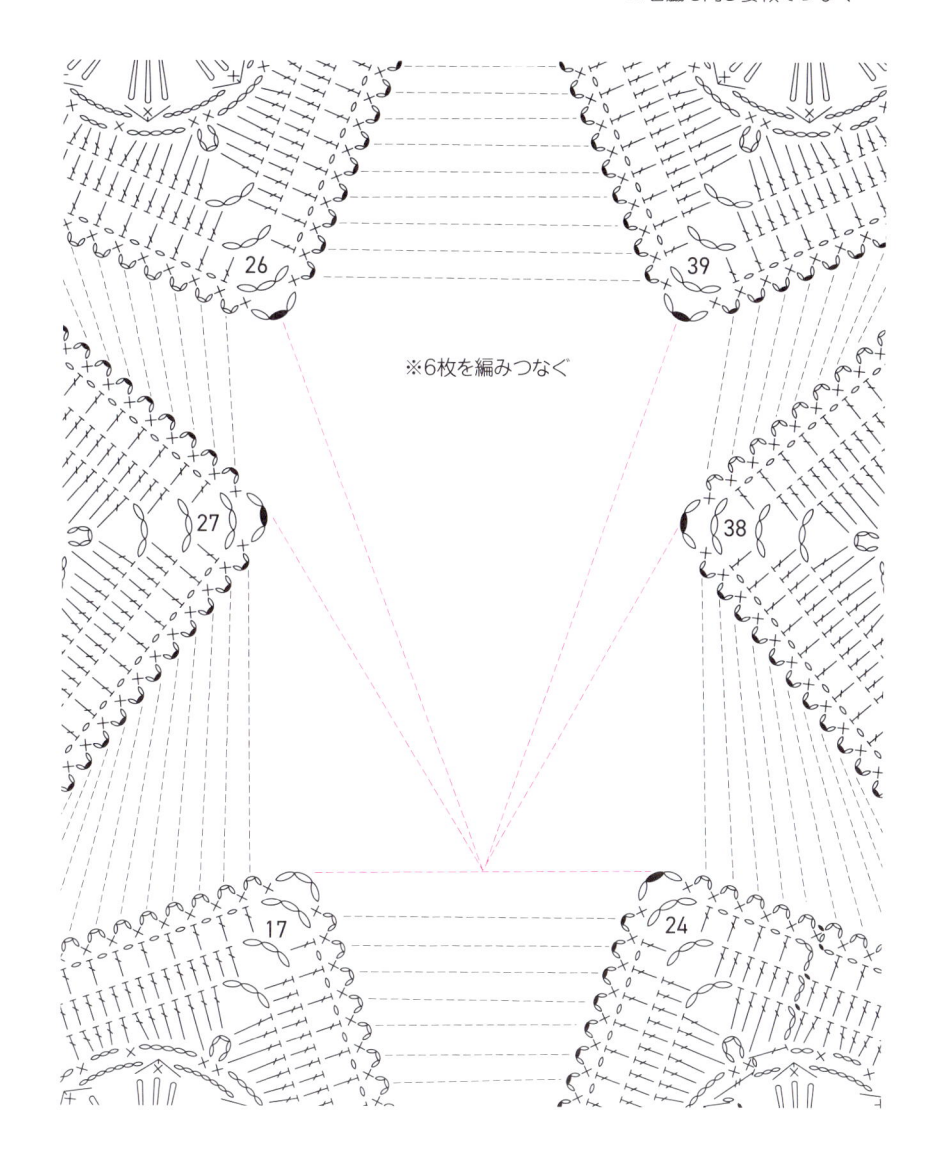

※6枚を編みつなぐ

記号の編み方は「編み目記号と基礎」を参照してください

➁=鎖編み　⋏=細編み3目一度　￢=長編み　￢=長々編み

✕=細編み　・=引き抜き編み

総透かし模様の
レーシープル

デザイン_ 風工房　編み図_ 96ページ

no.14

甘くもシャープにも着こなせる、おしゃれなレーシー模様のプル。
春夏糸を選んだサマーニットですが、冬糸に変えてレイヤードニッ
トに仕上げても今風で素敵です。

幾何学的なようで、ソフト
ウェーブの優しさを加味した
繊細な総透かし模様が魅力の
プル。さわやかな若草色のサ
マーヤーンは、麻混の張りの
あるストレートヤーンです。

no.15

作品14のバリエーション、すっきり六分袖の
スクエアネックカーディガン。糸は、生成りベー
スにシルバーラメとマルチカラーラメの2種を
さりげなく散りばめたサマーファンシーヤーン。

使用糸／ダイヤモンド毛糸　ダイヤコスタルナ

variation

variation

no.16

前後身頃を透け感のない長編み
に変え、袖だけにレーシー模様
を配して、着やすいプルオーバー
にアレンジ。微妙なトーンで変
化するピンクベースのグラデー
ション段染めがキュートです。

使用糸／ダイヤモンド毛糸
　　　　ダイヤピクシー

総透かし模様の レーシープル

guidance／風工房

● 本誌86ページ、作品14の詳しい編み方を解説します。
　編み図は96ページにあります。
● プロセスではポイントで別色の糸を使用しています。

用具をそろえる

1. 5/0号かぎ針
2. はさみ
3. とじ針（糸始末用）
4. 待ち針（仮どめ用）
5. マーカー
　（糸印のかわりや
　段数を数えながら編むときにあると便利）

※ 毎段表、裏と編み地を反時計回りに持ちかえて編みます。
※ 糸のかけ方と針の入れ方は写真のほか「編み目記号と基礎」
　（P.138〜143）も併せて参照してください。

1. 後ろ、前身頃を編む

目を作る―鎖編みの作り目（P.138）

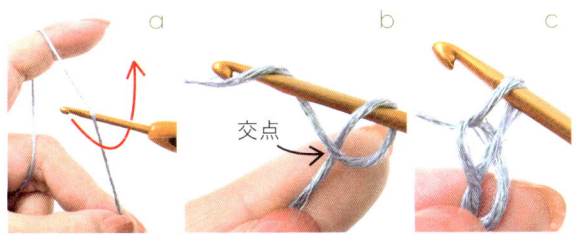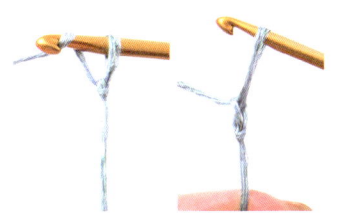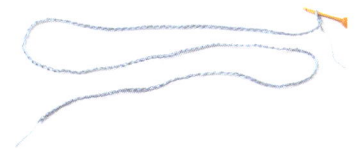

1 とじ分として糸端を約3.5m残し、その位置で左手に糸をかけ、かぎ針を糸の向こう側におきます。針を手前に引き、矢印のように回して輪を作ります（a）。交点を中指と親指で押さえ、針に糸をかけて引き出します（b）。引き出したところ（c）。

交点

2 作り目ができました。この針にかかった目は1目と数えません。針に糸をかけて引き出します。鎖編み1目が編めました。

3 2をくり返して鎖の目を152目作ります。

▶ 脇たけを編む

細編み・
長編み
（P.138）

長々編み
（P.139）

細編みを1段編む

1 立ち上がりの鎖1目を編み、矢印のように鎖の半目と裏山の2本に針を入れます（a）。糸を引き出し、針に糸をかけて針にかかっている2ループを引き抜きます（b）。細編み1目が編めたところ（c）。

2 **1** をくり返して5目編んだところ。全部で152目の細編みを編みます。

3 立ち上がりの鎖4目を編みます。次の段で拾う位置が分かるように4目めにマーカーをつけ、編み地を裏に返します。

4 鎖8目を編みます。8目とばして9目めに細編みを編み、もう一度鎖8目を編みます。

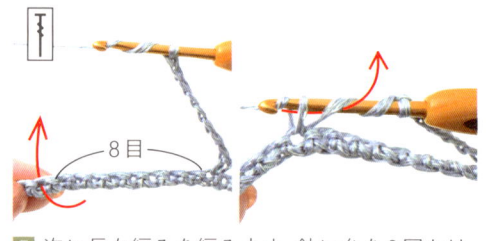 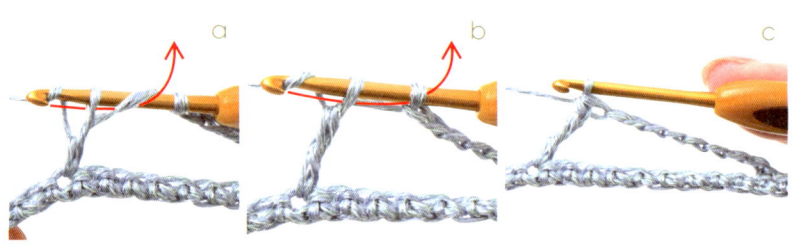

5 次に長々編みを編みます。針に糸を2回かけ、9目めに針を入れて糸を引き出し、針にかかっている2ループを引き抜きます。

6 針に糸をかけて針にかかっている2ループを引き抜き(a)、さらに糸をかけて残りの2ループを引き抜きます(b)。長々編みが編めました(c)。

7 次の目にも同様に長々編みを1目編みます。

8 **4** 〜 **7** をくり返して8模様作ります。

9 1段め最後の長々編みが編めたところ。

2段め

10 立ち上がりの鎖3目を編み、編み地を表に返します。2段めは長編みを編みます。針に糸をかけて矢印のように鎖の下の空間に針を入れて（束に拾う）糸を引き出します（写真右）。

 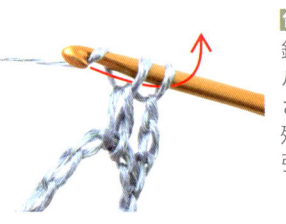 

11 針に糸をかけて2ループを引き抜き、さらに糸をかけて残りの2ループを引き抜きます。

12 長編み1目が編めました。前段が鎖編みの位置には長編みを8目編み入れます。

13 前段が細編み、長々編みの上は頭を拾って長編みを編みます。

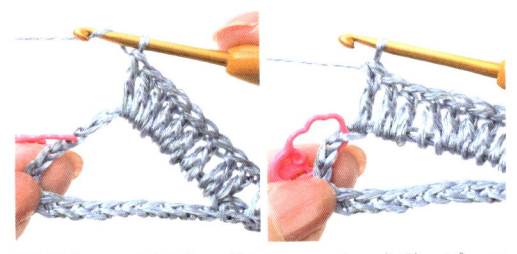

14 最後の1目は先に印したマーカーを引っぱってマーカーをかけた目（**3**）に長編みを編みます。

3 段め

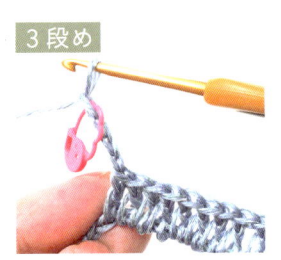

15 立ち上がりの鎖4目を編みます。マーカーを鎖4目めに移します。

16 編み地を裏に返して鎖3目を編みます。

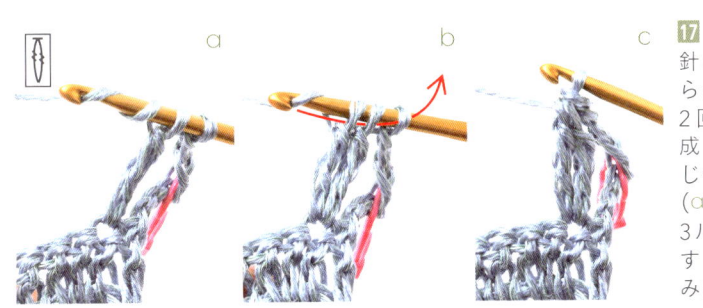

a   b   c

17 針に糸を2回かけて次の目から糸を引き出し、2ループを2回引き抜いて長々編みの完成1回手前まで編みます。同じ位置にもう1目同様に編み（a）、最後に針に糸をかけて3ループを一度に引き抜きます（b）。長々編み2目の玉編みが編めました（c）。

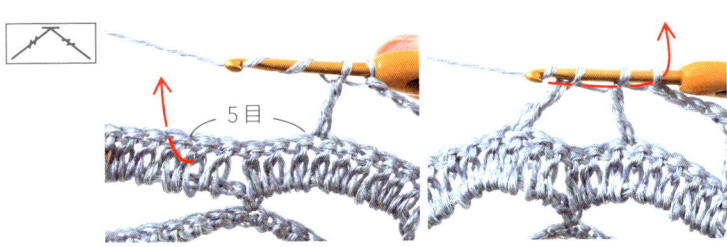

5目

18 鎖4目を編み、次に長々編み2目一度を編みます。**17**（a）と同様に長々編みの完成1回手前まで編みます。5目とばして6目めに同様に編み、最後に針に糸をかけて3ループを一度に引き抜きます。

19 長々編み2目一度が編めたら、次から記号図どおり1模様をくり返して編みます。

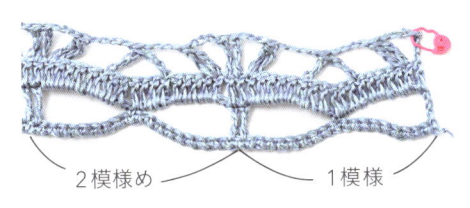

2模様め   1模様

20 2模様編めたところ。

4 段め

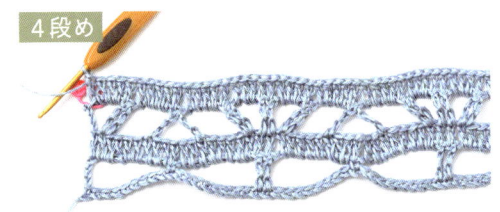

21 4段めは2段めと同様に長編みを編みます。

5 段め

22 立ち上がりの鎖4目を編み、マーカーを移動して編み地を裏に返します。鎖3目・長々編み・鎖4目を編みます。

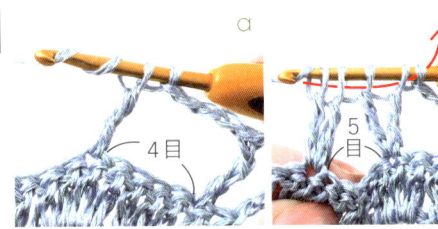

a   b   c

4目   5目

23 次に長々編み2目の玉編み2目一度を編みます。長々編み2目の玉編みの完成の1回手前まで編み（a）、さらに5目とばして6目めに同様に編みます（b）。最後に針に糸をかけて5ループを一度に引き抜きます（c）。

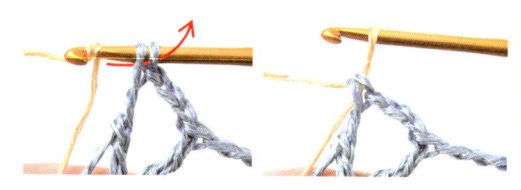

糸の編み足し方

糸が終わりそうになったら、編み地の途中ではなく端で糸を新たにかえます。最後の目を引き抜くときに新しい糸にかえて引き抜きます。新しい糸と前の糸の糸端はひと結びしておき、後で始末します。

24 記号図どおり編み進めます。5段めまで編めました。2〜5段をくり返して編みます。

25 22段編んだら袖つけどまりにマーカーをつけておきます。

26 編み終わりはループに糸を通して切ります。

27 後ろ身頃が編めました。えりあきどまりにマーカーをつけます。前身頃も同形に編みます。

2. 袖を編む

鎖95目を作り、身頃と同様に増減なく細編み1段、模様編み21段を編みます。同形に2枚編みます。

3. 肩をはぐ

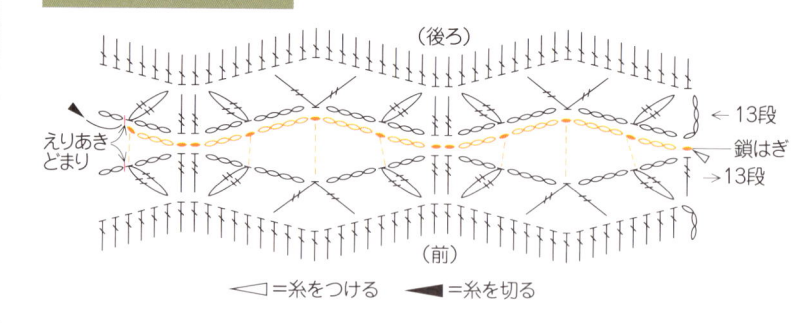

（後ろ）

←13段
鎖はぎ
→13段

えりあきどまり

（前）

◁＝糸をつける　　◀＝糸を切る

1 後ろと前身頃を中表に合わせます。長々編みの頭と立ち上がりの鎖4目めに針を入れ、糸をかけて引き出します。

2 もう一度針に糸をかけて糸を引き抜きます。

a

b

c

4 鎖4目を編み、長々編み2目一度どうしの頭に針を入れて引き抜き、鎖4目を編みます。

3 鎖3目を編み（a）、長々編み2目の玉編みどうしの頭に針を入れて（b）引き抜きます（c）。

5 長々編み2目の位置は2目ともそれぞれ引き抜きます。図を見てはぎます。

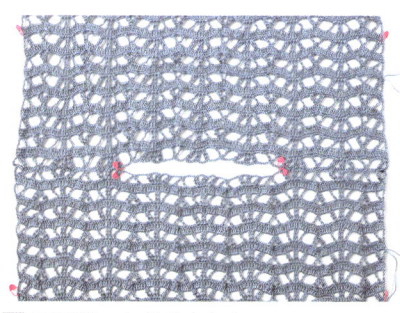
↑ えりあきどまり

6 えりあきどまりまではぎ合せたら糸端を最後の目の中に引き抜きます。両肩をはぎ合せます。

7 両肩がつながりました。

4. 袖をはぐ

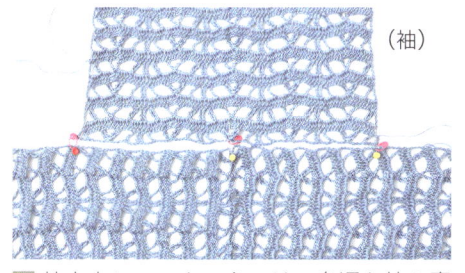
（袖）

1 袖中央にマーカーをつけ、身頃と袖の裏側に両端と中央を待ち針でとめます。

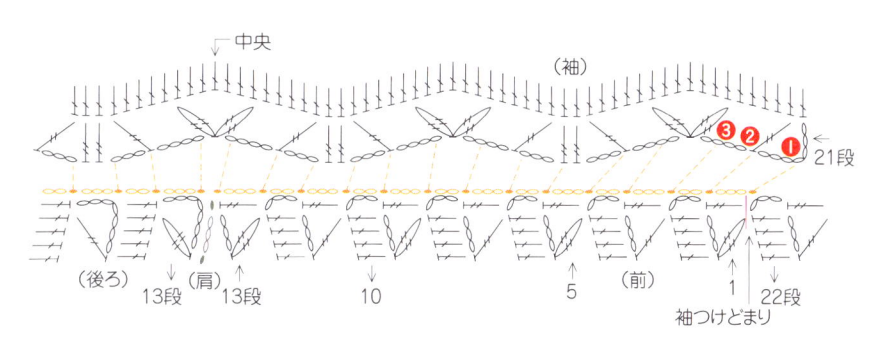
↓中央　　（袖）
③②①← 21段
（後ろ）↓13段 ↓（肩）↑13段 ↑10 ↑5 （前） 1 ↓22段
袖つけどまり

①

2 身頃と袖を中表に持ち、身頃の22段めと袖の立ち上がりに糸をつけ、鎖3目を編みます。

②

3 長々編みどうしの頭に針を入れて引き抜き、鎖2目を編みます。

③

4 立ち上がりの鎖3目めと、袖の鎖の目を割って2本に引き抜き、鎖3目を編みます。

5 記号図どおりに引き抜き、肩から反対側は対称にはぎ合わせます。

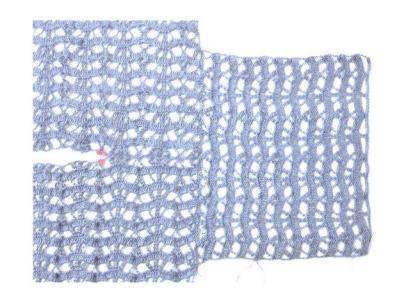

6 身頃に袖がつきました。

5. 脇・袖下をとじる

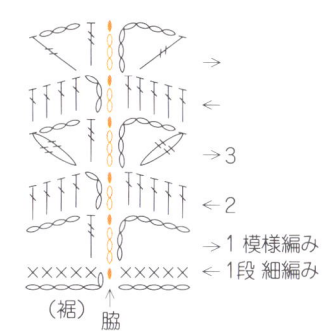
→
→3
←2
→1模様編み
←1段 細編み
（裾）脇

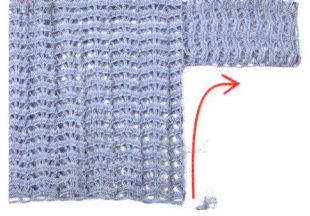

1 身頃・袖を中表に合わせ、裾から袖口まで続けてとじていきます。

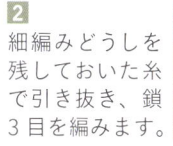

2 細編みどうしを残しておいた糸で引き抜き、鎖3目を編みます。

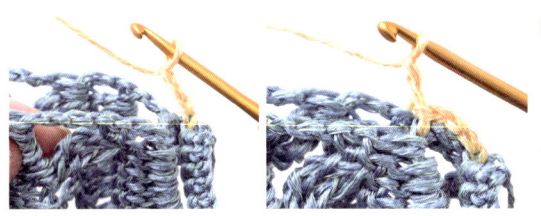

3 模様編み1段めの長々編みの頭と立ち上がりの鎖4目めに引き抜き、鎖2目を編みます。2段めの立ち上がりの鎖3目めと長編みの頭に引き抜き、鎖3目を編みます。

4 3段めは1段めと同様に針を入れて引き抜きます。2段ごとくり返してとじます。

5 数段とじたところ。

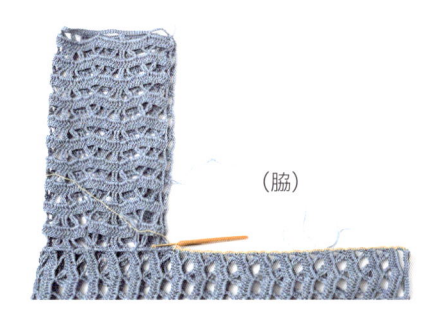

（脇）

6 脇の鎖とじが終わったら続けて袖口に向かって同様にとじます。

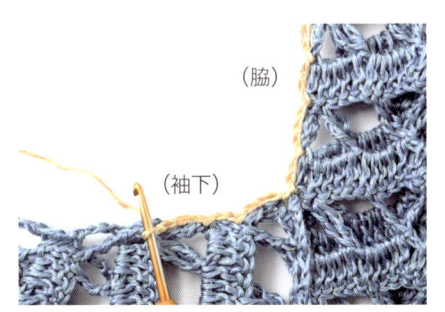

（脇）

（袖下）

7 袖下を数段とじたところ。

8 とじ終わり、脇と袖下がつながりました。

糸始末の仕方

1目戻る

編み地の裏を見て始末をします。とじ針に糸を通してとじ・はぎをした鎖の半目に数目からげて針を抜きます。1目戻ったところからもう一度数目からげてから糸を切ります。

6. えりぐりを編む

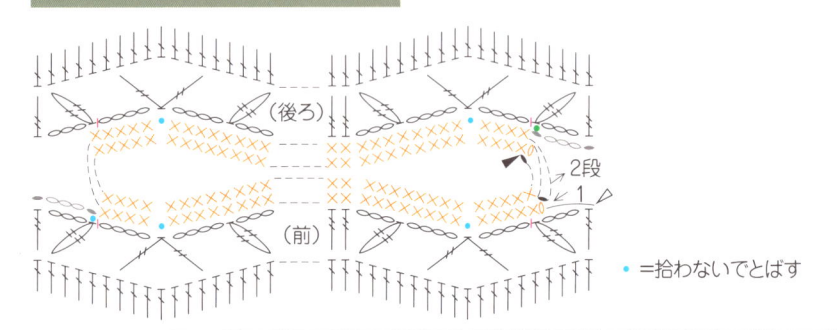

（後ろ）

（前）

2段
1

・=拾わないでとばす

a　b　c

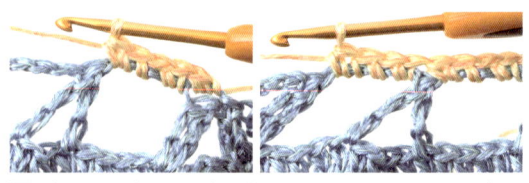

1 左前肩の長々編み2目の玉編みの頭に糸をつけて（a）立ち上がりの鎖1目を編み（b）、細編みを編みます（c）。

2 鎖編みの位置は束に拾い、長々編み2目一度の位置はとばします。長々編み2目の玉編みは頭を拾って編みますが、前と後ろの最後の長々編み2目の玉編みはとばします。

   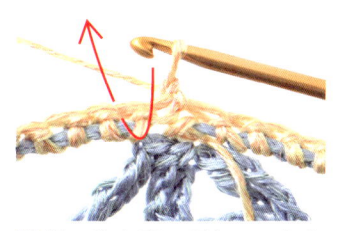

2 段め

3 1 段めの最後まで編んだら、1 目めに引き抜きます。

4 立ち上がり 1 目の鎖を編みます。

5 編み地を裏に返して、矢印のように 1 段めの最後の目に細編みを編みます。

 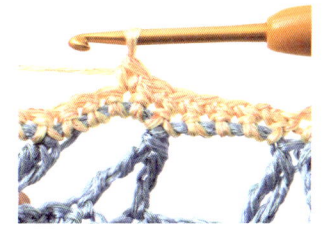 

6 2 段め 1 目めの細編みが編めました。前段と同じ目数を編んでいきます。

7 数目編んだところ。

8 最後まで編んだら、10cm ぐらい残して糸を切ります。

9 とじ針に糸を通し、2 段めを輪にとじます。1 目めに向こう側から針を通します。次に最後の目の頭手前側半目と足 1 本に針を通します。

10 糸を引いて引き締めます。

11 えりぐりが編めました。

7. 裾、袖口を編む

1 編み地の裏側を見て脇、袖下に糸をつけ、細編みを 1 段編みます。

2 数目編んで表から見たところ。

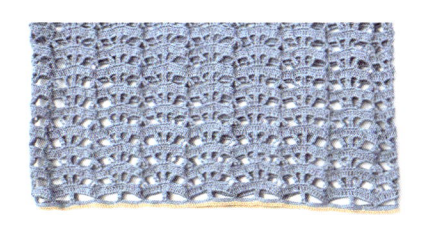  

完成！

3 裾（写真左）と袖口（写真右）ともにぐるりと細編みを編み、編み終わりは上の **8** 〜 **10** のようにとじ針で輪にします。

残っている糸端の始末をします。

総透かし模様のレーシープル

作品 no.14,15,16 ▶▶▶ 86・88ページ

 14
 15
 16

材料と用具

糸 14　並太タイプのストレートヤーン（30g巻・約96m）の若草色を330g

15　ダイヤモンド毛糸　ダイヤコスタルナ（35g巻・約112m…合太タイプ）の9201（生成り系ミックスラメ入り）を330g（10玉）

16　ダイヤモンド毛糸　ダイヤピクシー（30g巻・約114m…合太タイプ）のピンク系段染め（9302・廃色）を310g（11玉）

針 14・15共通　5/0号かぎ針　16 4/0号かぎ針

付属品 15に直径1.8cmのボタンを2個

●作品14の詳しい編み方は89ページ
からの「編みもの教室」を参照してください

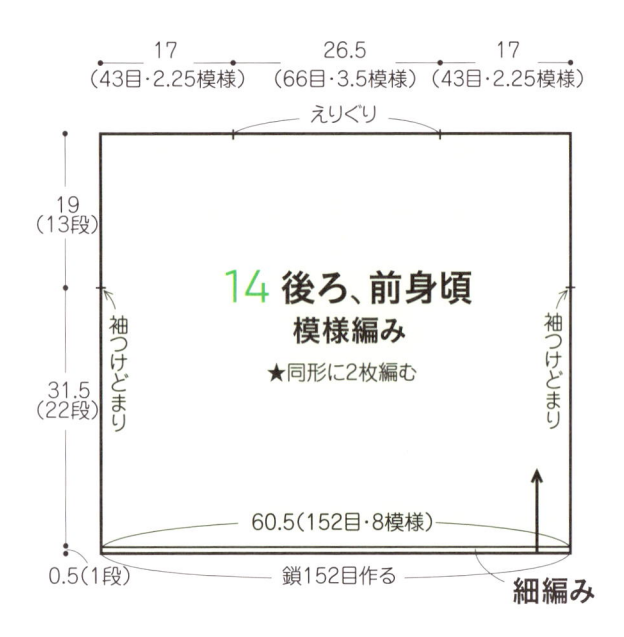

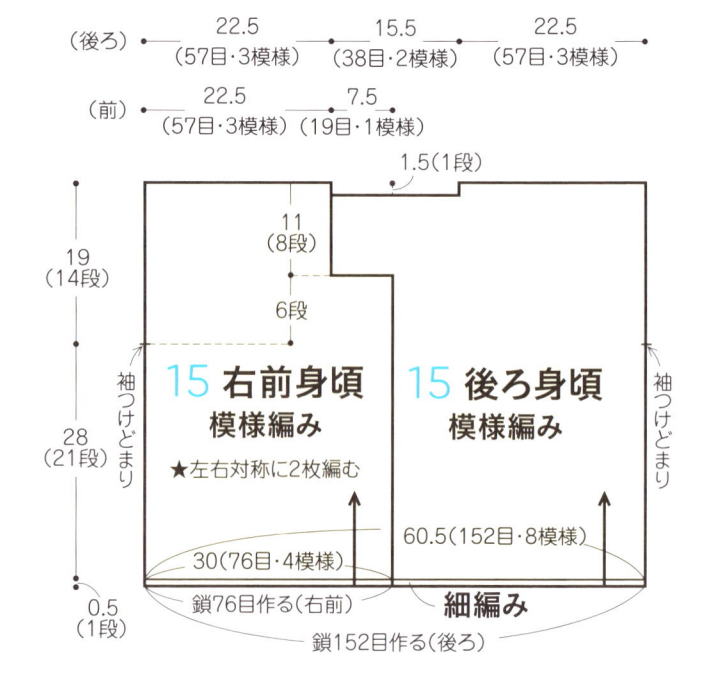

記号の編み方は「編み目記号と基礎」を
参照してください

⌒ =鎖編み	⊤ =長々編み	∧・⋏ =細編み2目一度
✕ =細編み	=長々編み2目一度	∧・⋏ =細編み3目一度
⊤ =長編み	=長々編み2目の玉編み	∨・Ⅴ =細編み2目（増し目）
• =引き抜き編み		∨・Ⅴ =細編み3目（増し目）

=三つ巻き長編み
※針に糸を3回巻き、長々編みの要領で
2ループを4回引き抜く

■文字の緑色は14、青色は15、赤色は16、黒は共通です

ゲージ 10cm 四方

14 模様編み 25目 7段
15 模様編み 25目 7.5段
16 長編み 25目 12段　模様編み 31目 9段

でき上がり寸法

14 胸回り 121cm　着たけ 51.5cm　ゆきたけ 61cm
15 胸回り 121.5cm　着たけ 48cm　ゆきたけ 51cm
16 胸回り 100cm　着たけ 45.5cm　ゆきたけ 49.5cm

編み方要点

1 後ろは**鎖編みの作り目**をします。14・15 は**細編み**と模様編みで肩まで編みますが、15 はえりぐりを減らします。16 は長編みで編み、えりぐりを減らします。

2 前は後ろと同じ要領で編みますが、15 は前あきのため左右対称に 2 枚編みます。

3 袖は身頃と同じ作り目をし、細編みと模様編みで 14・15 は増減なく、16 は増し目をして編みます。

4 14・15 の肩は鎖はぎ、16 の肩は**巻きはぎ**（1目）で合わせ、袖は身頃に**鎖とじ**でつけます。

5 脇と袖下を続けて鎖とじで合わせます。

6 14・16 の裾と袖口は裏から 1 段、えりぐりは往復で輪に細編みを編みます。

7 15 は前端・えりぐりを往復に細編みを編み、続けて裾を編みますが、右前端にはボタンループを作ります。袖口は裏から編み、形を整えて**ボタンをつけます**。

16 長編み

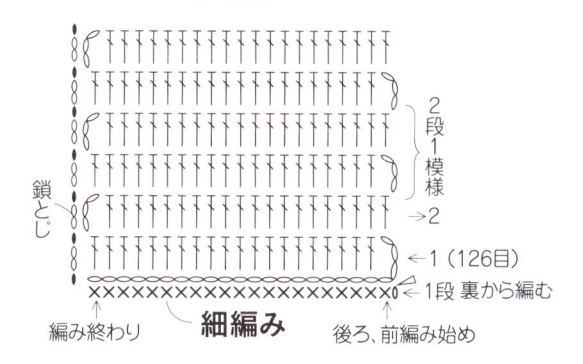

16 後ろ、前身頃 長編み

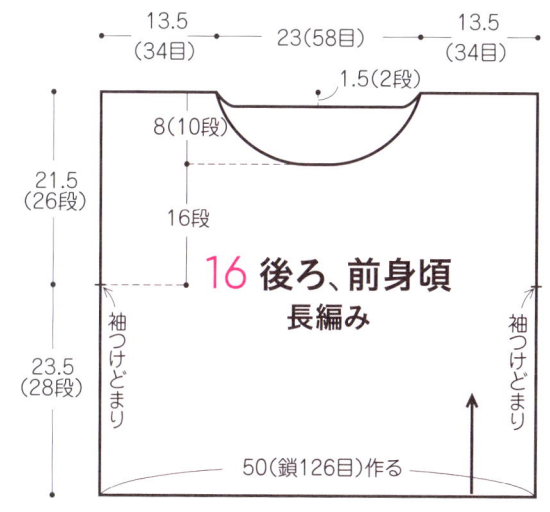

14・15・16 模様編み

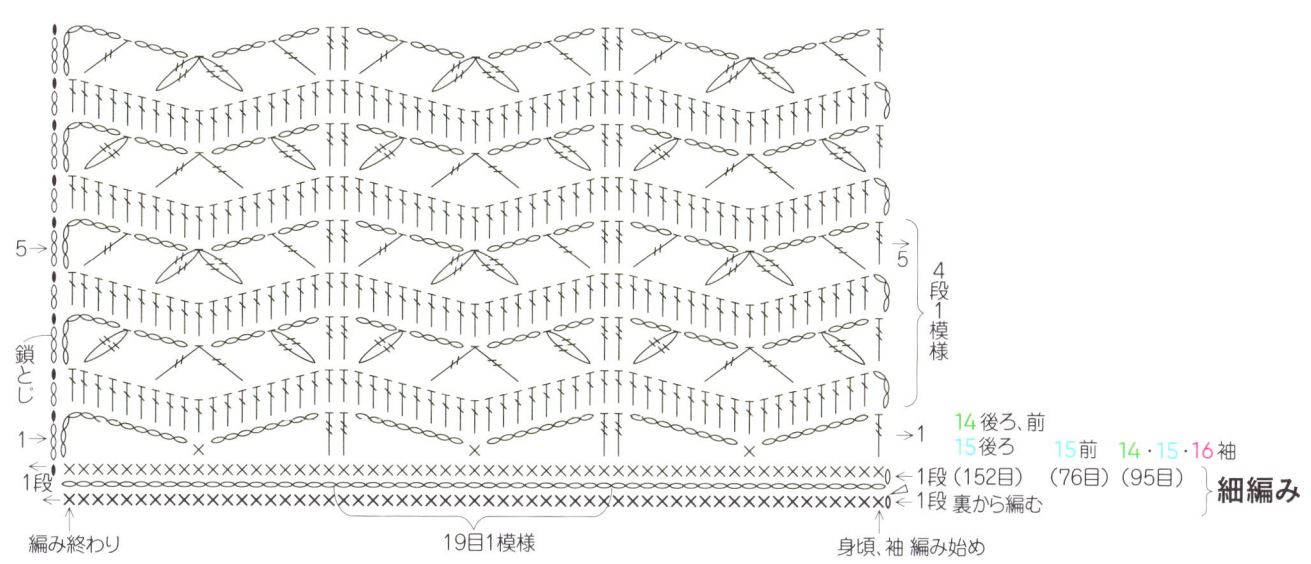

15 後ろえりぐりの編み方図

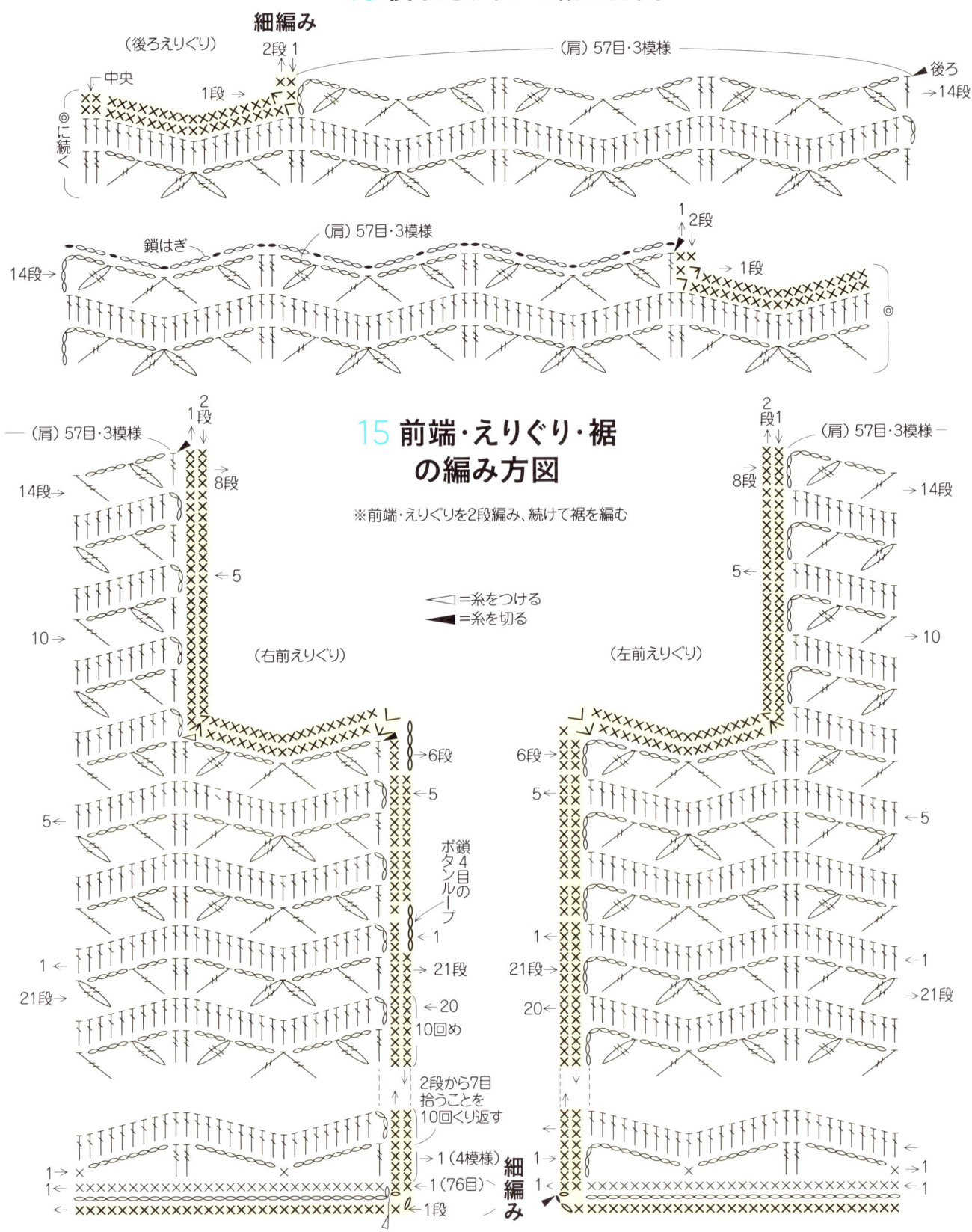

15 前端・えりぐり・裾の編み方図

※前端・えりぐりを2段編み、続けて裾を編む

◁＝糸をつける
◀＝糸を切る

（右前えりぐり）　（左前えりぐり）

■文字の緑色は14、青色は15、赤色は16、黒は共通です

14 後ろ、前えりぐりの編み方図

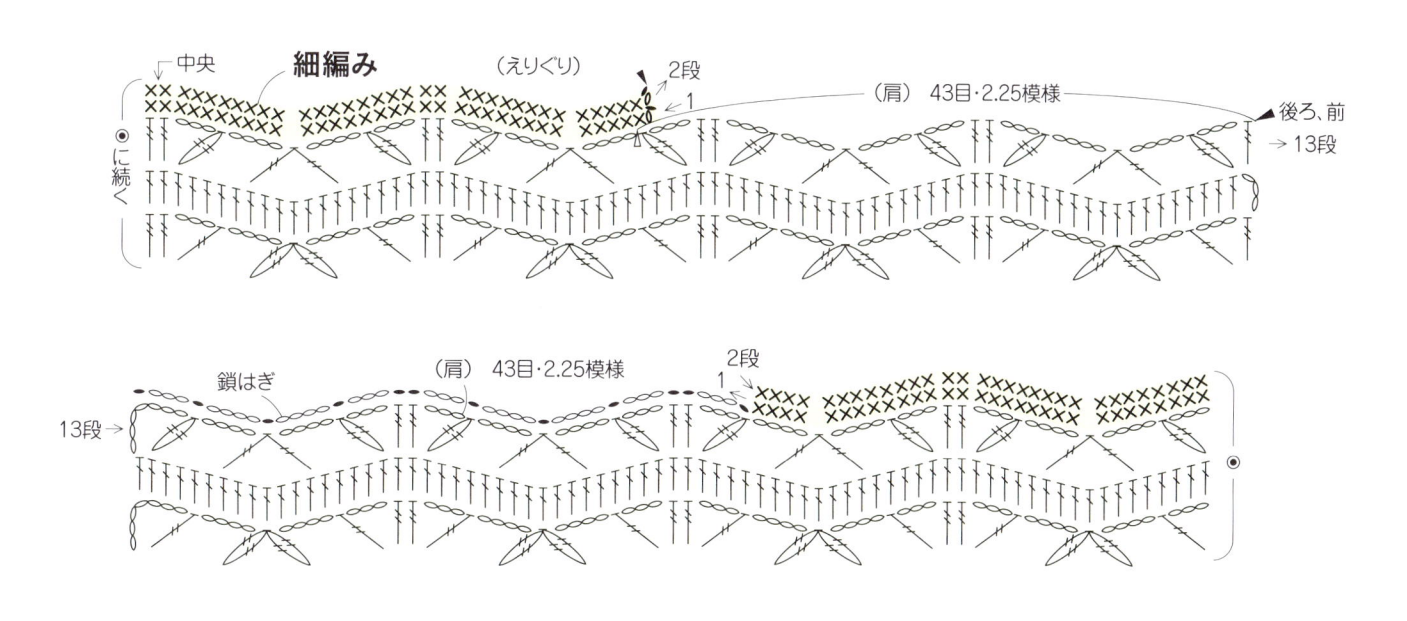

16 後ろ、前えりぐりの編み方図

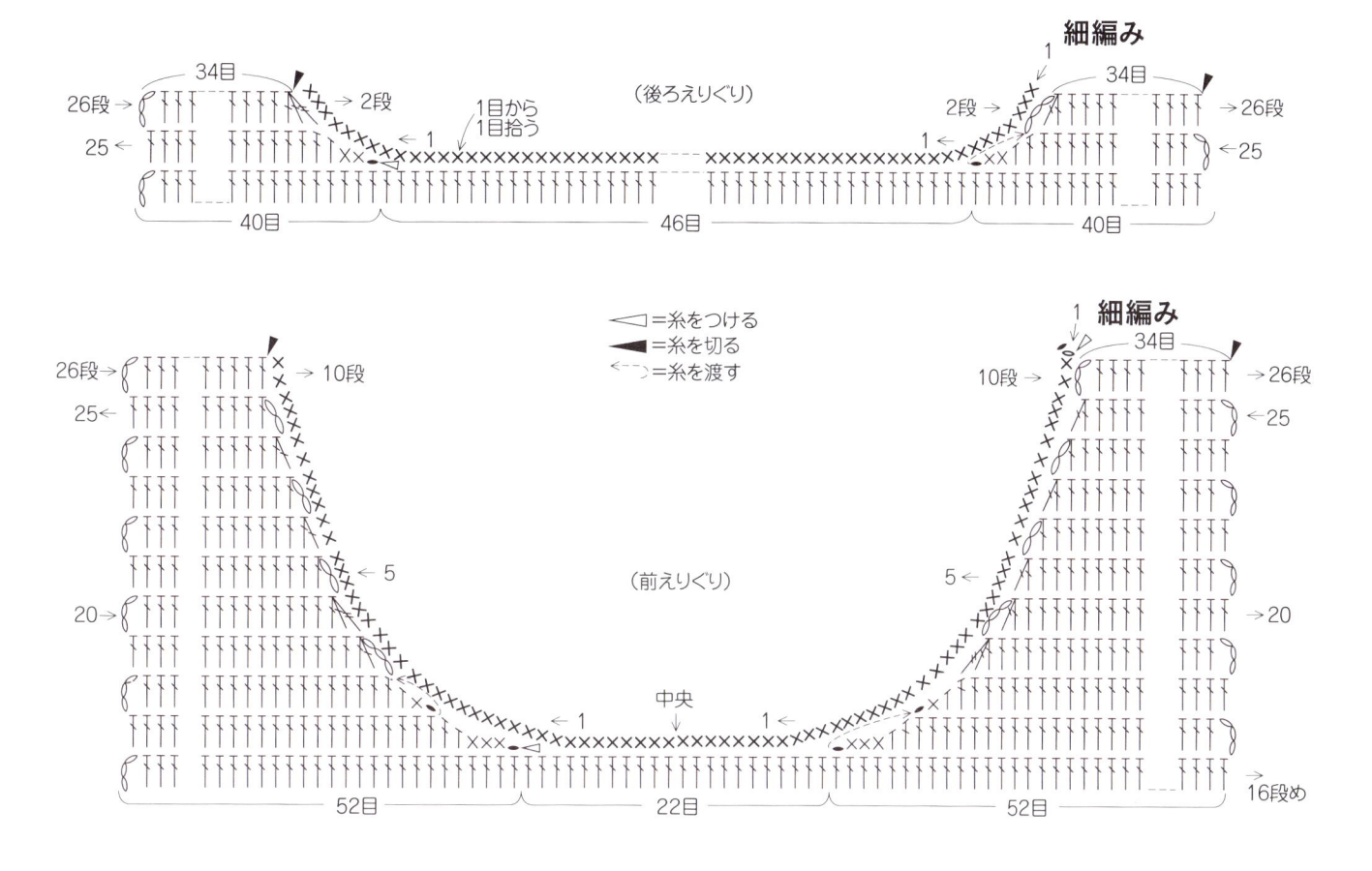

99

14 裾、えりぐり、袖口　細編み

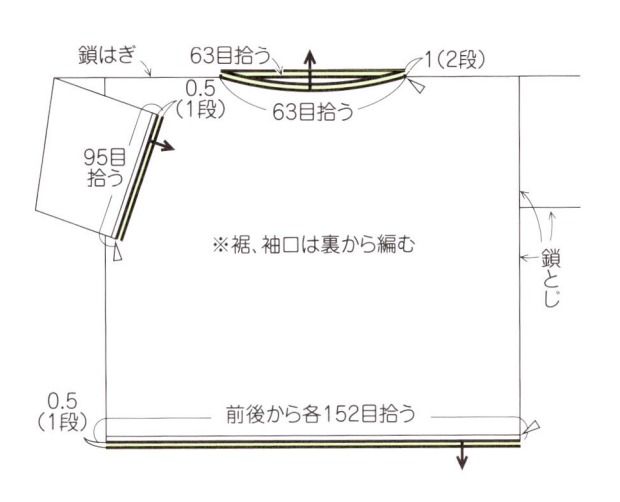

鎖はぎ
63目拾う
1（2段）
0.5（1段）
63目拾う
95目拾う
※裾、袖口は裏から編む
鎖とじ
0.5（1段）
前後から各152目拾う

15 前端・えりぐり・裾、袖口　細編み

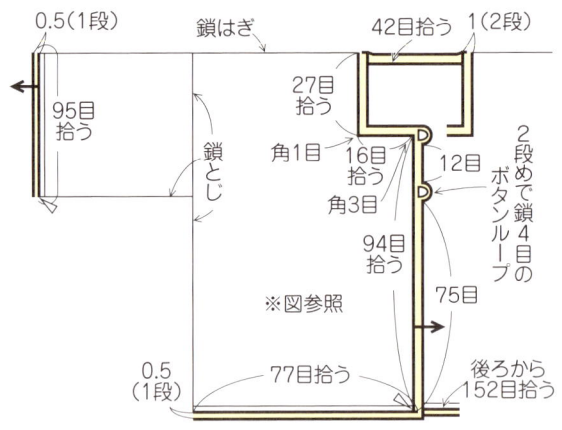

0.5（1段）
鎖はぎ
42目拾う
1（2段）
95目拾う
27目拾う
鎖とじ
角1目
16目拾う
角3目
94目拾う
12目
2段めで鎖4目のボタンループ
75目
※図参照
0.5（1段）
77目拾う
後ろから152目拾う

16 裾、えりぐり、袖口　細編み

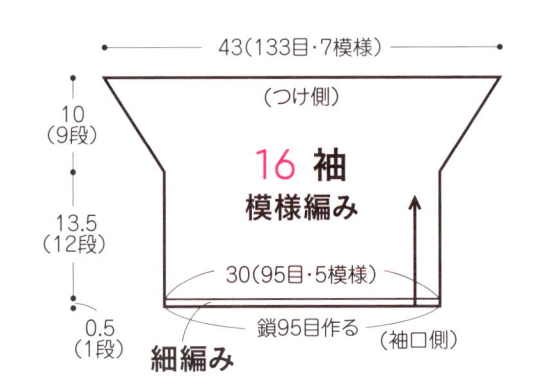

巻きはぎ
60目拾う
1（2段）
0.5（1段）
82目拾う
95目拾う
※裾、袖口は裏から編む
鎖とじ
前後から各126目拾う
0.5（1段）

14・16 細編み（えりぐり）

××××× ×××× → 2段
××××× ×××× ← 1

◁ ＝糸をつける
◀ ＝糸を切る

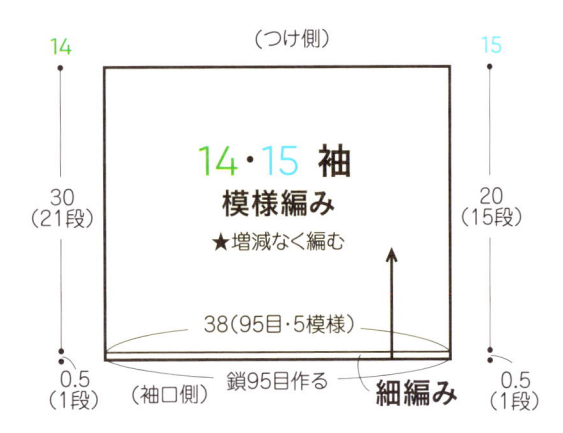

14　　（つけ側）　　15
14・15 袖
模様編み
★増減なく編む

30（21段）
20（15段）
38（95目・5模様）
0.5（1段）
（袖口側）
鎖95目作る
細編み
0.5（1段）

43（133目・7模様）
（つけ側）
10（9段）
16 袖
模様編み
13.5（12段）
30（95目・5模様）
0.5（1段）
鎖95目作る
（袖口側）
細編み

■文字の緑色は14、青色は15、赤色は16、黒は共通です

16 袖の編み方図

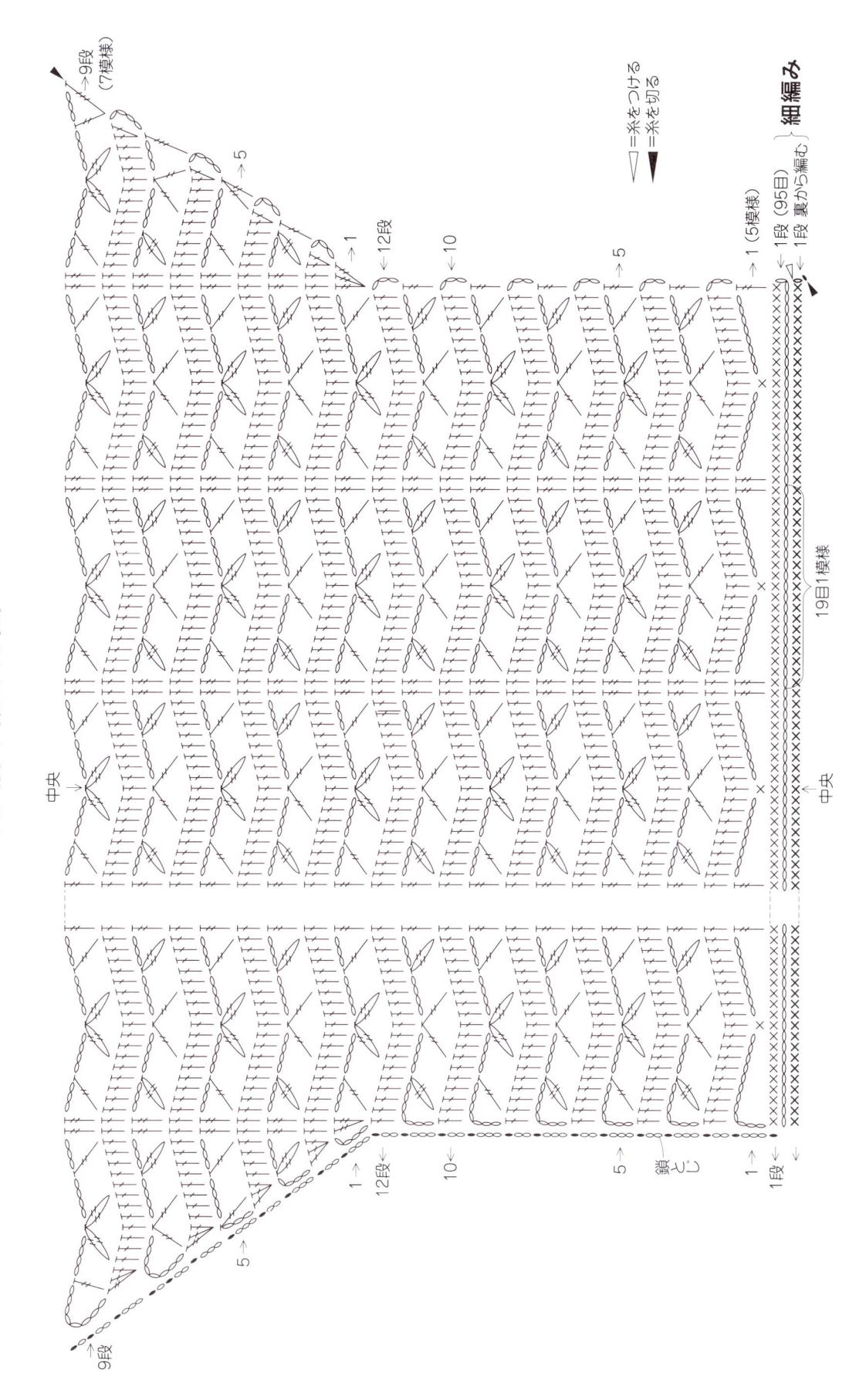

9段（7模様）

→5

←12段

←10

→5

→1

12段

10

→5

鎖とじ

1→

1段

9段

→5

1→

中央

中央

□＝糸をつける
▼＝糸を切る

1段（95目）
1段　裏から編む

細編み

19目1模様

1→1（5模様）

ネックから編む
キュートな丸ヨークプル

デザイン_ 河合真弓　編み図_ 114ページ

no.17

　クラシックでキュートな表情が人気の丸ヨーク。ちょっと難しそう
に思えるディテールですが、実はとじはぎなしで編めるかんたんで編
みやすいニット。ネックから編んでいきます。

えりぐりから広がる繊細な模様
編みと、きれい色の段染め模様が
豪華な雰囲気をかもし出している
プル。エレガントな着こなし方よ
り、カジュアルに着こなしたほう
がおしゃれです。

使用糸／オリムパス　ベロニカ

variation

no.18

編み地が浮き立つオフホワイトの
ストレートヤーンで編み上げたナ
チュラルプル。やさしく編めて、編
み応え満点の一枚です。流行に左右
されず長く着られる一枚。

使用糸／オリムパス　オネット

no. 19

丸ヨークに映える、透かしの花び
ら模様に惹かれるフェミニンニット。
淡いピンクがより優しさを強調して
います。涼しげなフレンチスリーブ
のすっきり仕上げもいい感じ。

ネックから編む **キュートな丸ヨークプル**

guidance ／河合真弓

- 本誌102ページ、作品17の詳しい編み方を解説します。
  編み図は114ページにあります。
- 作品に使用した糸はオリムパス ベロニカですが、プロセスでは糸の太さが同じの別糸にかえて編んでいます。また、ポイントで別色の糸を使用しています。

用具をそろえる

❶ 4/0号かぎ針
（作品は5/0号針）

❷ はさみ

❸ とじ針（糸始末用）

❹ マーカー
（糸印のかわりや
段数を数えながら編むときにあると便利）

※ 毎段同じ方向で表を見て輪に編みます。
※ 糸のかけ方と針の入れ方は写真のほか「編み目記号と基礎」
（P.138〜143）も併せて参照してください。

1. 前後ヨークを編む

目を作る―鎖編みの作り目（p.138）

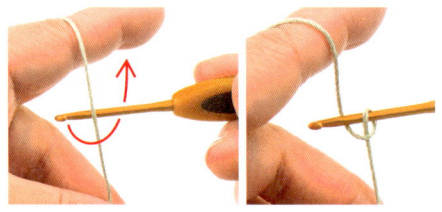

1 左手に糸をかけ、かぎ針を糸の向こう側におきます。針を手前に引き、矢印のように回して輪を作ります。

2 交点を中指と親指で押さえ、針に糸をかけて引き出します。
※写真では糸が見やすいように指を外しています。

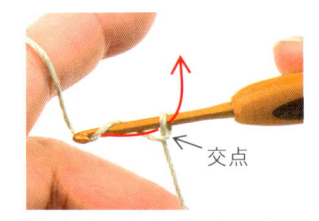

3 作り目ができました。この針にかかった目は1目と数えません。

4 針に糸をかけて引き出します。

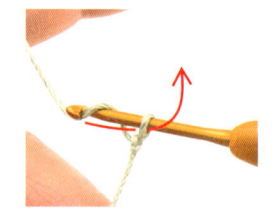

5 鎖編み1目が編めました。

6 **4** をくり返して鎖の目を144目作ります。次に鎖がねじれないように輪にします。

7 鎖編みの表面を上にして編み終わり側の糸を右手で持ち、左手の親指と人さし指でねじれないように押さえながら編み始めまで指を滑らせていきます。鎖1目めの半目に針を入れます。

8 針に糸をかけて引き抜きます。

9 鎖の作り目がつながり、写真は全体がありませんが輪になります。

▶ヨークたけを編む

中長編み3目の変わり玉編み（P.140）

長編み・中長編み・細編み（P.138）

パプコーン編み（P.141）

1段め

1 立ち上がりの鎖3目を編みます。針に糸をかけて矢印のように1目めの半目と裏山に針を入れ、糸を引き出します。もう一度針に糸をかけ、同じ位置に針を入れて同様に糸を引き出します。

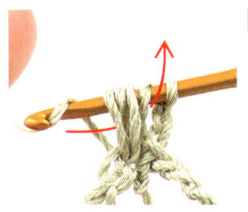

2 針に糸をかけて針にかかっている4ループを引き抜きます。

3 さらに糸をかけて2ループを引き抜きます。

4 最初の記号が編めました。これが立ち上がりのある中長編み3目の変わり玉編みになります。

中長編み3目の変わり玉編み

5 鎖を1目編み、中長編み3目の変わり玉編みを編みます。針に糸をかけて 1 と同じ目に針を入れ、同じ要領で糸を3回引き出します。針に糸をかけ、針にかかっている6ループを引き抜きます。

6 もう一度針に糸をかけて残りの2ループを引き抜きます。

長編み

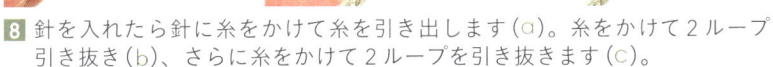

7 鎖2目を編み、次に長編みを編みます。針に糸をかけて作り目4目めの半目と裏山に針を入れます。

8 針を入れたら針に糸をかけて糸を引き出します（a）。糸をかけて2ループ引き抜き（b）、さらに糸をかけて2ループを引き抜きます（c）。

9 長編みが編めました。

1模様

10 同じ要領で編み進みます。

1段め編み終わり

11 立ち上がりのある中長編み3目の変わり玉編みの頭に針を入れ、糸をかけて引き抜きます。

12 次に前段の鎖の目の下に針を入れ（束に拾う）、糸をかけて引き抜きます。針にかかっている目が1目移動し、変わり玉編みの間に移りました。

2段め

13 立ち上がりの鎖3目を編み、針を束に入れて長編みを編みます。

14 続けて同じ位置に長編みをもう1目編みます。

15 記号図どおり編み進めて4模様が編めたところ。

 2段め編み終わり

 3段め

16 立ち上がりの鎖3目の3目めに引き抜きます。次に2目めの長編みの頭に引き抜きます。

17 針にかかっている目が1目移動し、3目の中心に移動しました。

18 立ち上がりの鎖3目と鎖1目の鎖4目を編みます。立ち上がりの目と同じ位置に長編みを編みます。

19 鎖1目を編み、同じ位置に長編みを編みます。記号図どおりに1模様をくり返し編み進めていきます。

  **4段め** **5段め**

20 4模様編めたところ。

21 4段め・5段めの模様のアップと5段めまでの全体写真

 6段め

  **6段め編み終わり**

22 前段の鎖編みまで引き抜いたら、立ち上がりの鎖1目を編み、空間に束に針を入れて糸を引き出します。

23 針に糸をかけ、2ループを引き抜いて細編みを編み、続けて模様を編みます。

24 鎖1目を編んだら針に糸をかけ、編み始めの細編みの頭に針を入れて糸を引き出します。

パプコーン編み

21段め

25 針に糸をかけて3ループを一度に引き抜きます。中長編みが編めて6段めが編み終えたら、同じ要領で20段まで編み進めます。

26 鎖2目を編み、矢印のように束に針を入れて長編み5目を編み入れます。

27 一度針をはずし、1目めの長編みの頭に針を入れて針を目に戻します。はずした目を1目めに通して引き出します。

28 鎖を1目編みます。

29 長編み5目のパプコーン編みの完成です。鎖1目、長編み5目のパプコーン編みをくり返します。

30 1模様を編んだところ

31 21段が編めたら目を休め、身頃と袖分に分けて細編みの頭4箇所にマーカーをつけます。

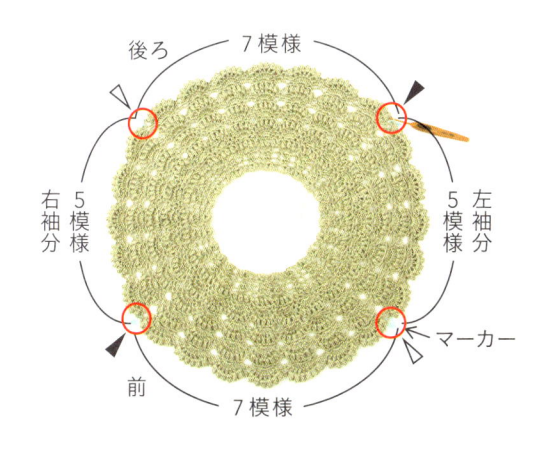

2. 前後身頃を編む

▶ **脇たけを編む**

長編み2目一度
（P.140）

鎖3目のピコット編み
（P.141）
※長編みに編みつける

共糸でまちを作る

1 31でマーカーをつけた位置の細編みの頭（◁）に針を入れ、糸を引き出します。続けて鎖を17目編みます。

2 5模様先のマーカーの位置に針を入れ、針に糸をかけて引き抜きます。

4 まちの作り目ができました。反対側も同様に **1** 〜 **3** をくり返します。

3 糸を切り（◀）、糸を引き出します。

1段めまち部分の拾い方

1段め

5 休めていた目に針を戻し、細編みを編みます。1段めの編み始め位置としてマーカーをつけます。まちにつけていたマーカーをはずします。

6 記号図どおり編み進めます。まちの作り目の3目めに鎖の半目と裏山を拾って細編みで編みます。

7 鎖3目を編み、次の3目めに細編みを編みます。これをくり返します。

8 まちの部分を編み終えたらヨークに編み続けていきます。

長編み2目一度

1段めの編み終わり

9 鎖1目を編んだら、編み始めの細編みの頭に中長編みを編みます。これで1段が編み終わります。

2段め

10 立ち上がりの鎖3目と鎖1目の4目を編み、針に糸をかけて糸を引き出し、さらに針に糸をかけて2ループを引き抜きます。

11 未完成の長編みの状態になりました。続けて次の位置に針を入れ、未完成の長編みをもう1目編みます。針に糸をかけて針にかかった3ループを引き抜きます。

12 長編み2目一度の完成です。

13 ヨークの谷位置で長編み2目一度をします。

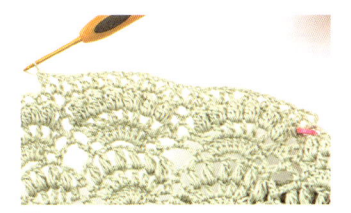

14 2段めを途中まで編んだところ。

15 立ち上がりの鎖の3目めに引き抜いたら、束に針を入れてもう一度引き抜きます。

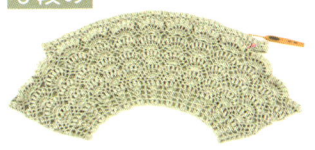

16 記号図どおり身頃を編み進めます。写真は3段めが編み終わったところ。

17 編み地のアップ写真（マーカーのある位置が編み始め位置）。

 鎖3目のピコット

18 立ち上がりの鎖3目のあと、束に針を入れて長編み1目、鎖3目を編みます。長編みの頭の手前側半目と足の糸1本に針を入れ（a）、針に糸をかけて引き抜きます（b）。長編みの頭に鎖3目のピコットが編めました（c）。

19 続けて同じところに束に針を入れて長編みを編みます。

20 5模様編んだところ。

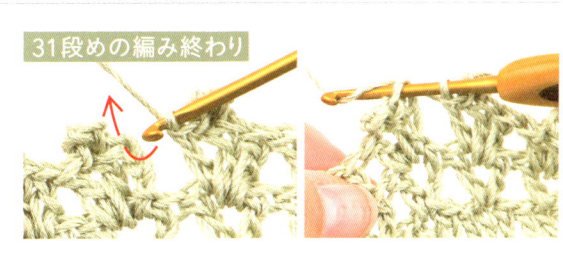

21 立ち上がりの鎖3目めに針を入れて引き抜きます。

22 もう一度糸をかけて引き抜き、糸を切って糸を引き出します。

23 前後身頃が編めました。

3. 袖を編む

1 まちの作り目の中央に針を入れ、新たな糸をつけて糸を引き出します。

2 糸を引き出したら、立ち上がりの鎖を1目編みます。

3 細編みを編みます。鎖3目を編み、2目おきに鎖の目を拾って細編みを編みます。

4 鎖3目、細編み1目をまちの作り目の端まで拾って編んだら、続けてヨークから目を拾って編み進めます。

5 ヨークから拾って編んでいるところ。

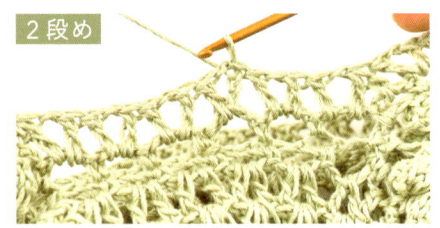

6 ヨークから拾い終わったら、まちの作り目から拾って編みます。編み終わりは鎖1目・1目めの細編みの頭に中長編みを編みます。1段めが編めました。

7 2段めは身頃と同様にヨークの谷位置で長編み2目一度をしながら編みます。

8 3段めも身頃と同様に編みます。写真は3段めが編み終わったところ。

9 袖が編めました。次はえりぐりを編んで糸の始末をします。

4. えりぐりの縁編みを編む

鎖3目のピコット編み
（P.141）
※細編みに編みつける

1 ヨークの編み始め位置に新たに糸をつけて引き出します。

2 立ち上がりの鎖1目を編みます。次に細編みを編みますが、ヨークの編み始めの糸端と新たに **1** でつけた糸の糸端を針にかけて一緒に編みくるみます。

3 糸端を編みくるみました。次はこの細編みの頭に鎖3目のピコットを編みます。

4 鎖を3目編み、細編みの頭の手前側半目と足の糸1本に針を入れます。

5 糸をかけて引き抜きます。

6 鎖3目のピコットが編めました。

7 作り目に針を束に入れ、糸端2本を編みくるみながら細編みを編みます。

8 続けてもう1目細編みを編みます。

9 ヨークの長編み位置に細編みと鎖3目のピコットを編みます。

10 束にひろって細編みを2目編みます。細編みに鎖3目のピコットと細編み2目をくり返して編みます。

11 5模様編めたところ。

編み終わり
12 48模様編めたら1目めの細編みの頭に針を入れて引き抜きます。

13 糸を切り、糸端を引き抜きます。

14 えりぐりが編めました。あとは糸始末です。

糸始末
15 とじ針に糸端を通し、矢印のように針を入れて糸を裏側に出します。

16 裏側で表にひびかないように針を入れ、糸を通します。

17 糸端をはさみで切ります。残りの糸端も同様に始末します。

完成！

ネックから編む
キュートな
丸ヨークプル

作品 no.17,18,19

▶▶▶ 102・104・105 ページ

材料と用具

糸 **17** オリムパス ベロニカ（25g巻・約90m…合太タイプ）の3（グリーン系段染め）を300g（12玉）

糸 **18** オリムパス オネット（35g巻・約103m…合太タイプ）の101（オフホワイト）を315g（9玉）

糸 **19** 合太タイプのストレートヤーン（40g巻・約172m）の淡いピンクを190g

針 **17**・**19**共通 5/0号かぎ針 **18** 4/0号かぎ針

ゲージ 10cm 四方

17・**18**・**19**共通 A模様1模様（2.5〜6.2cm）11段（10cm）
B模様 24目 9.5段

でき上がり寸法

17 胸回り100cm 着たけ52cm ゆきたけ45cm
18 胸回り100cm 着たけ47.5cm ゆきたけ38.5cm
19 胸回り100cm 着たけ47.5cm ゆきたけ31cm

編み方要点

1 ヨークは**鎖編みの作り目**をして輪にし、A模様を編みます。まちはヨークの指定位置に共糸で糸をつけ、ヨークに編みつけます。

2 前後身頃はヨークから続けて後ろ・まち・前・まちと目を拾ってB模様で輪に編みますが、2段めの指定位置で模様を減らし、あとは増減なく輪に編みます。

3 **17**・**18**の袖はまち中央に糸をつけ、まちとヨークから目を拾ってB模様で増減なく輪に編みます。

4 えりぐりは縁編みを輪に編みます。

●作品**17**の詳しい編み方は**106ページ**からの「編みもの教室」を参照してください

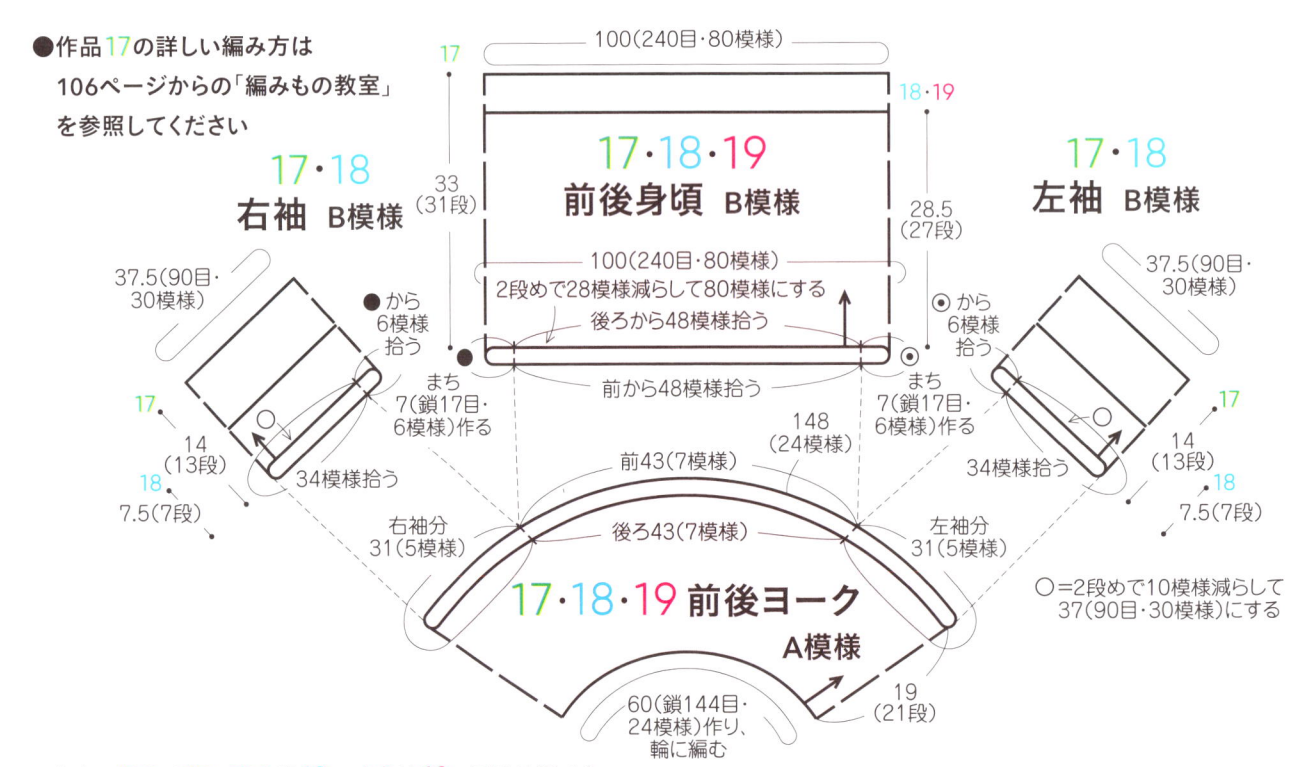

■文字の緑色は**17**、青色は**18**、赤色は**19**、黒は共通です

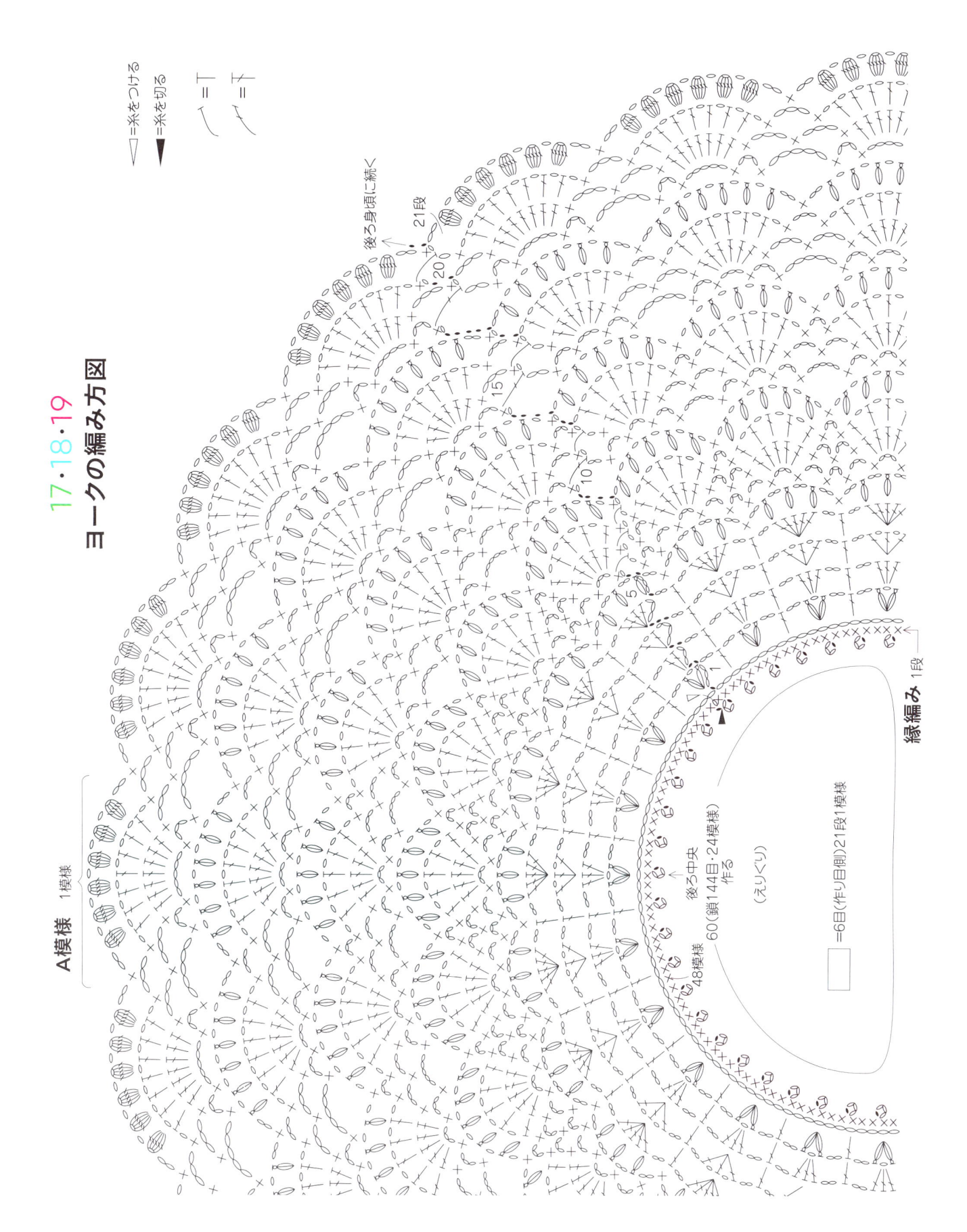

17・18・19

ヨークの編み方図

□=糸をつける
▼=糸を切る

A模様 1模様

後ろ身頃に続く ← 21段

後ろ中央
60(鎖144目・24模様)
作る

48模様

(えりぐり)

□=6目(作り目側)21段1模様

縁編み 1段

115

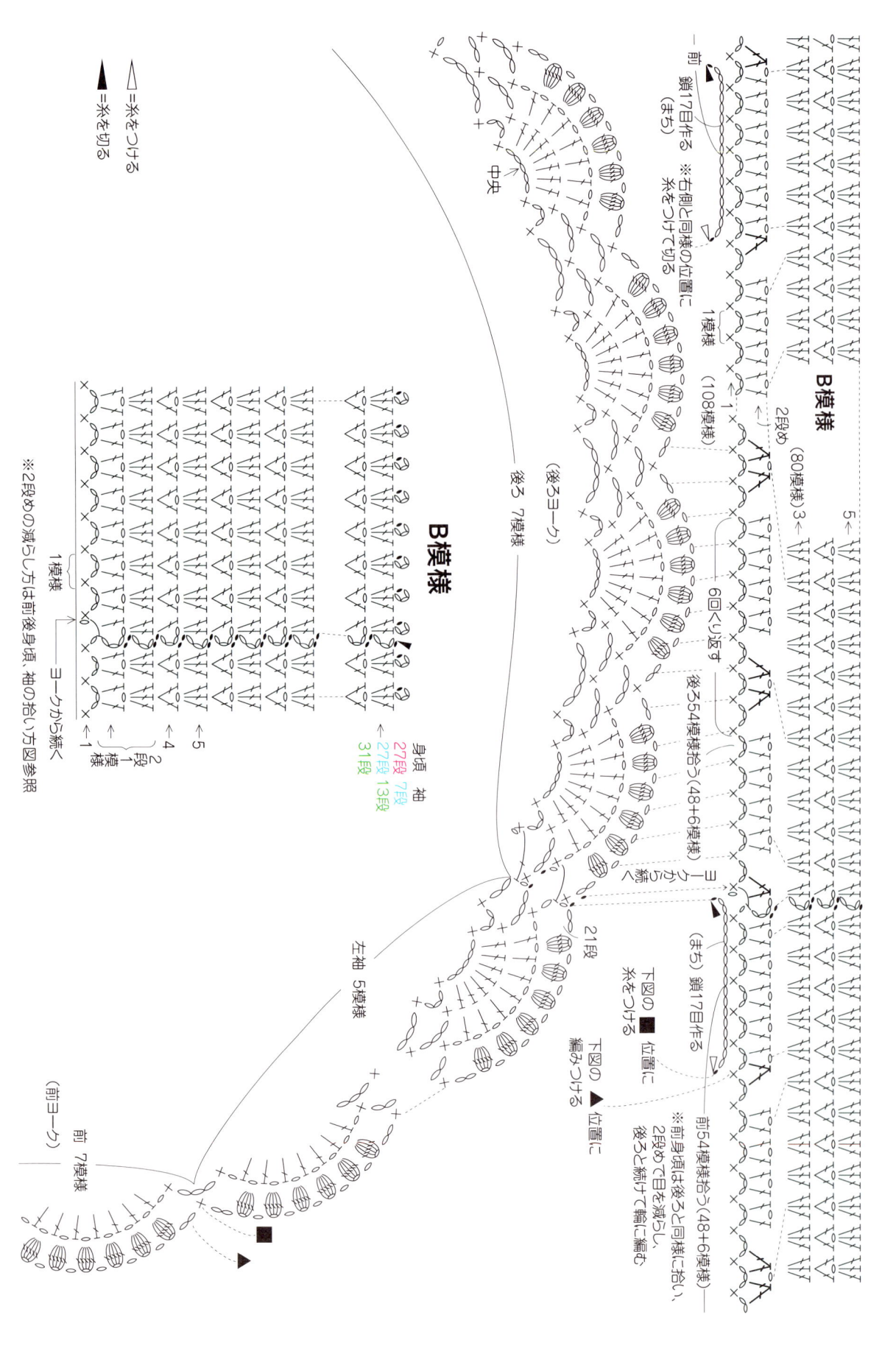

17・18・19 前後身頃の拾い方

B模様

前 鎖17目作る
（まち）
※右側と同様の位置に、糸をつけて切る

B模様
（80模様）3← 2段め
5←
6回くり返す
後ろ54模様拾う（48+6模様）—
ヨークから続く

（108模様）
1模様 ←1
2段め

後ろヨーク
後ろ 7模様

（まち）鎖17目作る
下図の■位置に糸をつける
下図の▲位置に編みつける
※前54模様拾う（48+6模様）—
2段めで目を減らし、後ろと続けて輪に編む
※前身頃は後ろと同様に拾い、後ろと続けて輪に編む

21段

身頃　袖
27段　7段
← 27段　13段
31段

B模様

左袖 5模様

1模様
ヨークから続く
←5
←4
←3
←2
←1模様
※2段めの減らし方は前後身頃、袖の拾い方図参照

前ヨーク
前 7模様

■＝糸をつける
▶＝糸を切る

■文字の緑色は17、青色は18、赤色は19、黒は共通です

17・18 袖の拾い方

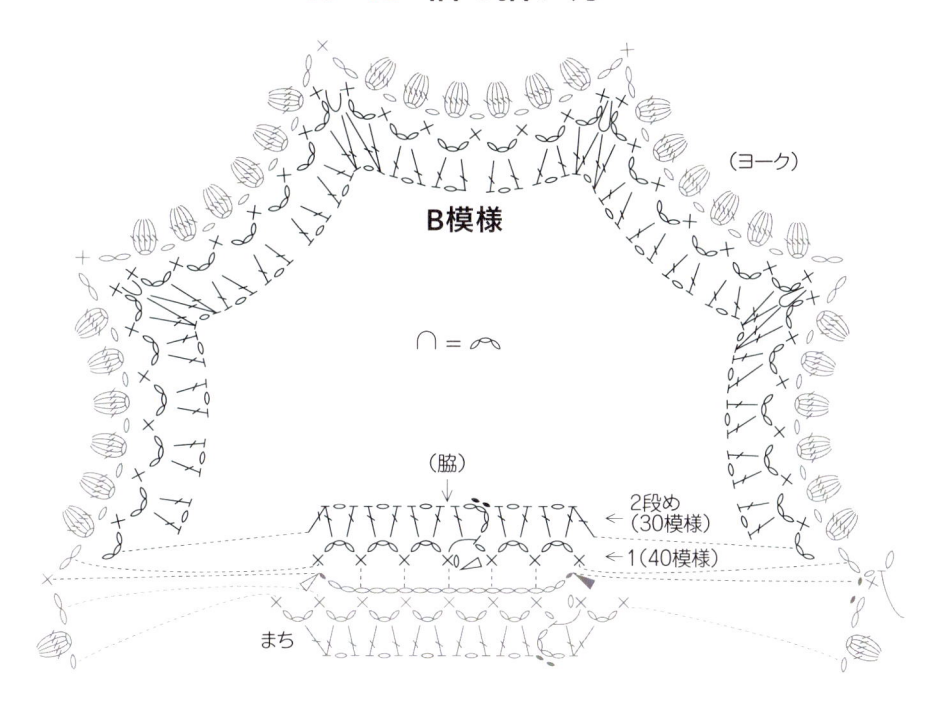

B模様

（ヨーク）

∩ = ⌒

（脇）

2段め
（30模様）

1（40模様）

まち

◁=糸をつける

◀=糸を切る

17・18 えりぐり
縁編み

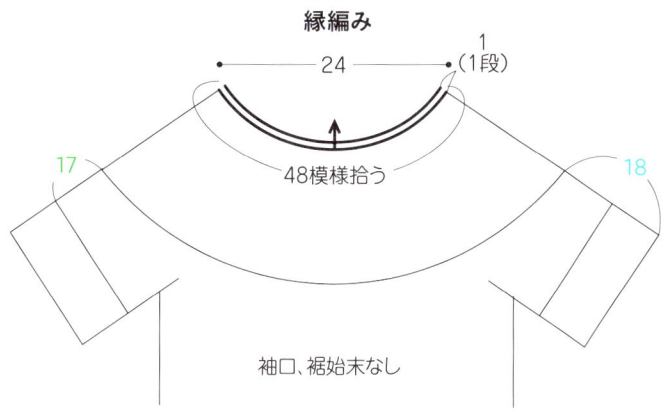

24　1（1段）

48模様拾う

17　18

袖口、裾始末なし

※ 17・18・19 のえりぐりの拾い方は
115ページ参照

19 えりぐり
縁編み

24　1（1段）

48模様拾う

始末なし

裾始末なし

17・18・19 縁編み

←1段

3目1模様

記号の編み方は
「編み目記号と基礎」を
参照してください

⌒ ＝鎖編み

✕ ＝細編み

┬ ＝中長編み

Ｆ ＝長編み

Ａ ＝長編み2目一度

◍ ＝中長編み3目の変わり玉編み

⬛ ＝長編み5目のパプコーン編み

◔ ＝鎖3目のピコット

• ＝引き抜き編み

モチーフつなぎの
マフラー・バッグ・スカート・ベスト

デザイン_ 河合真弓　編み図_132ページ

no.20

花モチーフつなぎのマフラーと、使いやすい大きめバッグのひと揃い。段染め糸使用なので、編むだけでいろいろな色の花モチーフが自然に作れ、おしゃれな配色風の仕上がりに。

no.21

作品20〜21は、同じ花モ
チーフ柄で展開したアイテム
＆糸違い。色合いでモチーフ
の印象が全く変わって見えま
す。このマフラーとスカート
は、黄緑、モスグリーン、茶
系ミックスの3色使い。

no.22

ネット編みの中に花モチーフをポイントに飾っ
たハイネックベストと、作品21と同じ形のスカー
トとのセットアップ。グレーと黒のシックな2色
使いが素敵です。それぞれ単品ずつでも活躍します。

モチーフつなぎの
マフラー・バッグ・スカート・ベスト

● 本誌 118〜120 ページ、作品 20、21、22 の
　モチーフの編み方を解説します。
● プロセスでは編み目の分かりやすい色の別糸
　を使っています。

20

21

22

1. モチーフの編み方

4段

※ 写真では 1 段ごとに糸をかえています。
※ 糸のかけ方、針の入れ方は写真を参照して
　ください。

▶ 鎖の輪を作る

1 糸輪を作り、かぎ
針を輪の中に入れ
ます。

2 交差していると
ころを親指と中指で
押さえ、針に糸を
かけます。

3 引き抜いて糸輪を引
き締めます。針に糸
をかけて引き出すこ
とをくり返します。

4 鎖 4 目を編みます。

5 鎖の 1 目めに針を入れて針に糸
をかけ、引き抜いて鎖 4 目の輪を
作ります。

  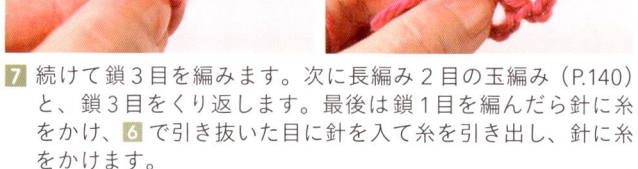

6 立ち上がりの鎖2目を編みます。針に糸をかけ、輪の中に針を入れて糸を引き出します。針に糸をかけて2ループを引き抜きます（未完成の長編み）。さらに針に糸をかけ、針に残っている2ループを一度に引き抜きます。

7 続けて鎖3目を編みます。次に長編み2目の玉編み（P.140）と、鎖3目をくり返します。最後は鎖1目を編んだら針に糸をかけ、**6**で引き抜いた目に針を入て糸を引き出し、針に糸をかけます。

 2 段め

8 針に残っている3ループを一度に引き抜きます。中長編みが編めました。

9 立ち上がりの鎖1目を編みます。1段めの鎖と中長編みの下の空間に針を入れて糸を引き出し、針に糸をかけて2ループを引き抜きます。細編みが編めました。

10 鎖5目を編んでは前段の鎖3目に、細編み1目編むことをくり返します。

  3 段め

11 最後は鎖2目を編んで針に糸をかけ、細編みの頭に針を入れます。糸を引き出し、針に糸をかけ、2ループを一度に引き抜きます。

12 針に糸をかけ、残りの2ループを引き抜きます。長編みが編めました。

13 立ち上がりの鎖1目、細編み1目、鎖5目を編み、針に糸をかけます。

14 前段の鎖5目の中に、未完成の長編みを3目編み入れ、針に糸をかけます。

   4 段め

15 4ループを一度に引き抜きます。長編み3目の玉編みが編めました。

16 記号どおりに玉編み2個ずつを、4カ所に編み入れます。

17 最後は鎖2目を編んで針に糸をかけ、細編みの頭に長編みを編みます。

18 立ち上がりの鎖1目と細編みを1目編みます。

19 鎖5目を編んでは前段に細編みを1目編み入れます。

20 記号どおり編んで、四角のモチーフを作ります。

21 最後は細編みの頭に引き抜きます。1枚めのモチーフが編めました。

2.モチーフのつなぎ方

※2枚めからは4段めでモチーフを外表に合わせながら、鎖5目の3目めで引き抜きながら編みつなぎます。

1 2枚めのモチーフの4段めで一辺をつなぎます。

2 2枚めのモチーフの角を鎖2目編んだら、1枚めのモチーフと外表に合わせます。1枚めのモチーフの角に針を入れて針に糸をかけます。

3 一度に引き抜きます。

4 鎖2目を編んで、2枚めのモチーフに細編みを編みます。

5 鎖2目を編んで1枚めに引き抜きます。

6 記号どおり編んで2枚めのモチーフの4段めを完成させます。

7 3枚めも同様につなぎますが、2枚がつながっている角は、2枚めの引き抜いた足2本に針を入れて引き抜きます。

8 4枚めの4段めは二辺をつなぎます。3枚がつながっている中央は、3枚めと同じ位置に針を入れて引き抜きます。

9
4枚がつながりました。この要領でつなぎやすいように進めて、指定枚数をつなぎます。

縄編み模様の
あったかキャップ帽

デザイン＿河合真弓　編み図＿130ページ

no.23

かぎ針編みで表現した縄編み模様がきれいに浮き立つキャップ帽。
作品25のキャップと同じ形です。糸はソフトな風合いで暖かいアル
パカ。帽子は寒い季節の必需品。上質ウールをおすすめします。

使用糸／ニッケビクター毛糸　ピュア・アルパカ

no.24

防寒用ではありますが、着こなしポイントになりそうな深みのあるきれい色のキャップ帽。冬コーデの差し色になりそうなおしゃれ感。手編みならではの縄編みストライプも効果的です。

使用糸／ユザワヤ
　　　　ピュアグラデーション

no.25

帽子とネックウォーマーのホットなセットアップ。揃えて編むとおしゃれ感がぐーんとアップします。糸は、作品23と同じ上質アルパカ。ネックウォーマーは細長く編んで、はぎ合わせます。

使用糸／ニッケビクター毛糸
　　　　ピュア・アルパカ

縄編み模様の あったかキャップ帽

guidance ／水口あき子
photos ／本間伸彦

● 本誌124ページ、作品23の詳しい編み方を解説します。
編み図は130ページにあります。またポイントでは別色の糸を使用しています。

用具をそろえる

❶ 5/0号かぎ針
❷ はさみ
❸ とじ針
　（とじ、糸始末用）

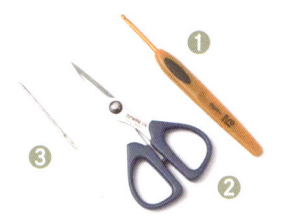

※ 糸のかけ方と針の入れ方は写真のほか「編み目記号と基礎」(P138〜143)も併せて参照してください。

1. サイドを編む　※ 往復編みで輪に編みます

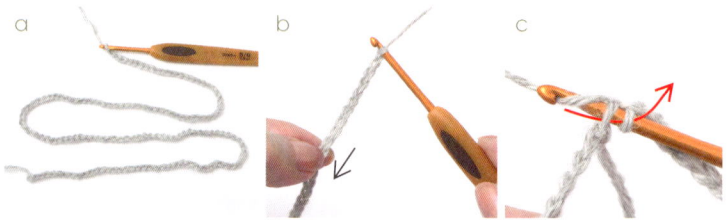

1 段め

1　鎖編みの作り目（p.138）で140目作ります（a）。表面を上にして目がねじれないように押さえながら編み始めまで指をすべらせます（b）。作り目1目めの裏山に針を入れ、糸をかけて引き抜きます（c）。

2　鎖が輪になりました。

3　1段めは裏の段になります。立ち上がりの鎖3目を編みます。

4　2目めから裏山を拾って長編み（p.138）を編みます。

5　長編みを途中まで編んだところ。

6　1段めの最後は立ち上がりの鎖3目めの半目と裏山に針を入れ、糸をかけて引き抜きます。

2 段め

7　1段めが編めました。編み地を表に返します。

8　立ち上がりの鎖3目、長編みを3目編みます。次に表引き上げ編み（p.141）を編みます。針に糸をかけて矢印のように前段の長編みの足を手前からすくいます。

9　糸を引き出して長編みの要領で編みます。続けてあと2目表引き上げ編みを編みます。

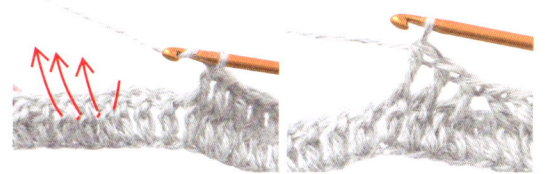

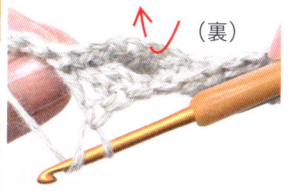

（裏）

1目め

10 3目とばして4目めから表引き上げ編みを3目編みます。

11 針に糸をかけ、とばした1目めに3目の表引き上げ編みの向こう側で長編みの頭に針を入れて長編みを編みます。

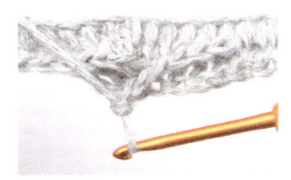

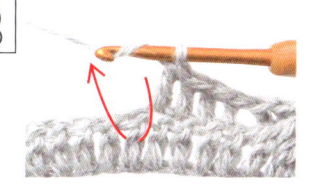

12 1目編んだところ（表引き上げ編みを編みくるまずに離れた状態）。

13 とばした残り2目にも同様に長編みを2目編みます。

14 表引き上げ編み3目と長編み3目の変わり交差が編めました。続けて長編み4目を編みます。

15 針に糸をかけ、前段の長編みの足に針を入れて糸を引き出します。

16 引き出したところ。さらに針に糸をかけて同じ位置から糸を引き出します。

17 もう一度針に糸をかけて引き出します。

18 3回糸を引き出したところ。針に糸をかけて6ループを引き抜きます（1目残す）。

19 もう一度針に糸をかけて残りの2ループを引き抜きます。

20 中長編み3目の変わり玉編みの表引き上げ編みが編めました。

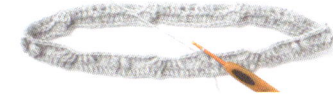

3段め

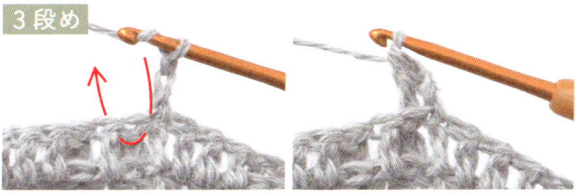

21 記号図どおり編み進めます。模様のアップ（写真上）。2段めが編み終わったところ（写真下）。

22 裏の段は、表引き上げ編みを裏引き上げ編み（p.141）で編みます。矢印のように向こう側から針を入れて前段の足をすくって編みます。編み地を裏、表と返しながら17段まで編みます。

23 17段まで編んでサイドが編めました。

2. トップを編む

1段め

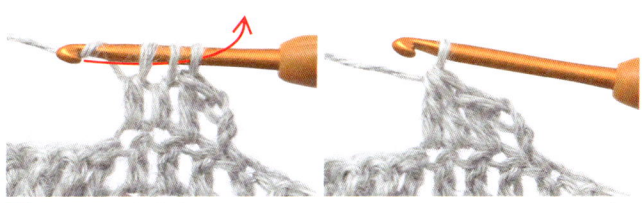

1 立ち上がりの鎖3目、長編み1目を編みます。

2 次の目は長編みの最後の引き抜き1つ手前まで編みます（未完成の長編み）。

3 次の目も未完成の長編みを編み、針に糸をかけて3ループを一度に引き抜きます。長編み2目一度（p.140）が編め、目が1目減りました。目を減らしながら6段まで編みます。

4 6段まで編んで表に返した
ところ。

7段め

5 立ち上がりの鎖3目を編み、3目とばして4目
めに表引き上げ編みを編みます。

6 次の目は表引き上げ編み
の最後の引き抜きの手前
まで編みます（未完成の表
引き上げ編み）。

7 次の目も未完成の表引き上
げ編みを編みます。針に糸
をかけて3ループを引き抜
きます。

8 表引き上げ編み2目一度
が編めたところ。

9 とばした1目めに3目の表引
き上げ編みの向こう側に針
を入れて長編みを編みます。

10 とばした2目めと3目めに表
引き上げ編みの向こう側で長
編み2目一度を編みます。

11 表引き上げ編みと長編みの
変わり交差が編め、目が2
目減りました。

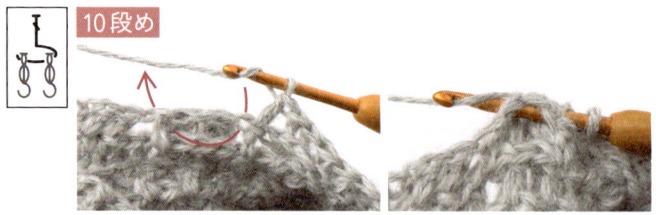

10段め

12 針に糸をかけ、矢印のように針を入れ、前段の2目をす
くい、裏の段なので裏引き上げ編みを編みます。

13 2目を1目にまとめ、目
が1目減りました。

14 10段めまで編んで表に返し
たところ。

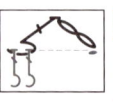

11段め

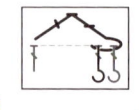

15 立ち上がりの鎖2目を編み、前段の引き上
げ編み2目の足をすくって表引き上げ編み
を編みます。

16 前段の引き上げ編み
2目をすくって未完成
の長編みを編みます。

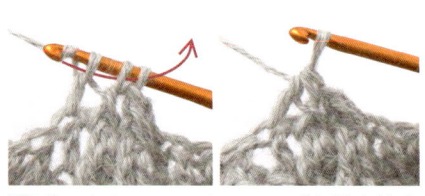

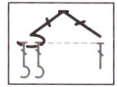

17 前段の長編みの頭に
未完成の長編みを編
みます。

18 針にかかっている3ループを引き抜き
ます。

19 前段の長編みの頭に未完成の長編みを編
み、矢印のように前段の引き上げ編み2目
をすくって未完成の長編みを編みます。

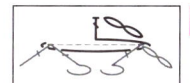

20 針にかかっている3ループ（**19**の写真右）を引き抜いて完成です。

12段め

21 この段は表を見て編みます。立ち上がりの鎖2目を編み（**a**）、前段の2つの2目一度の足を4本すくって（**b**）、表引き上げ編みを編みます（**c**）。

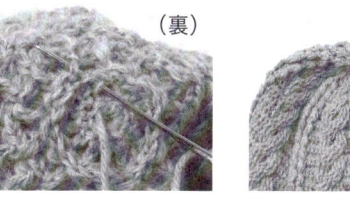

（裏）

22 12段めが編めたら、糸端を約20cm残して糸を切り、目に糸端を通します。とじ針に糸を通し、残りの14目の頭手前側半目に糸を通して絞りどめます。

23 糸端を裏側に出し、編み地にくぐらせて糸始末をします。

24 トップが編めました。

3. かぶり口を編む

1段め

1 サイドの立ち上がりの位置に糸をつけ、立ち上がりの鎖2目を編みます。

2 サイド1段めの長編みの足に手前から針を入れ、表引き上げ編みを編みます。

3 サイド1段めの長編みの足に向こう側から針を入れて裏引き上げ編みを編みます。

2段め

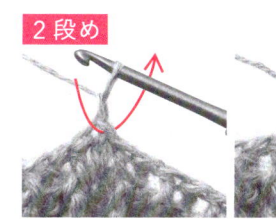

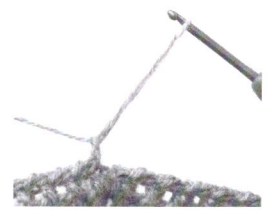

4 表と裏引き上げ編みを交互に編みます。

5 左から右に編み進めます。バック細編み（p.141）1目と鎖1目を交互に編みます。

6 途中まで編んだところ。

7 最後の鎖まで編んだら、約10cm残して糸を切り、糸端を引き抜きます。

完成！

8 とじ針に糸を通し、1目めのバック細編みの頭に針を手前側から入れます。最後の鎖の目に戻します。

9 編み始めと編み終わりの目がつながりました。

残った糸端を裏側で編み地にくぐらせ、糸始末をします。

縄編み模様のあったかキャップ帽

作品 no.23,24,25

▶▶▶ 124・125ページ

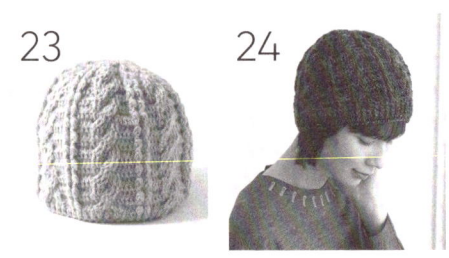

23　24　25

材料と用具

糸　23・25　ニッケビクター毛糸　ピュア・アルパカ（40g巻・約110m…並太タイプ）を23は56（グレー）・25は53（ベージュ）をキャップ帽に各120g（各3玉）、25はベージュをネックウォーマーに80g（2玉）

　　　24　ユザワヤ　ピュアグラデーション（50g巻・約165m…合太タイプ）の1（紺・ワイン系段染め）を80g（2玉）

針　23・24・25共通　5/0号かぎ針

ゲージ 10cm 四方

23・25共通　帽子　A模様24目15段
24　A模様25目14段
25　ネックウォーマー　B模様26.5目13段

でき上がり寸法

23・25共通　帽子　頭回り58cm　深さ21cm
24　頭回り56cm　深さ21.5cm
25　ネックウォーマー　周囲58cm　たけ12cm

編み方要点

帽子

鎖編みの作り目をし、輪にしてA模様を輪の往復編みで編み、トップを減らします。編み終わりは残りの目の手前側半目に糸を通して絞りどめます。

ネックウォーマー

糸端を約40cm残し、鎖編みの作り目をしてB模様で編みます。編み終わりと編み始めをメリヤスはぎの要領で輪にします。両端にb、c縁編みを編みます。

●作品23の詳しい編み方は126ページからの「編みもの教室」を参照してください

23・24・25 帽子

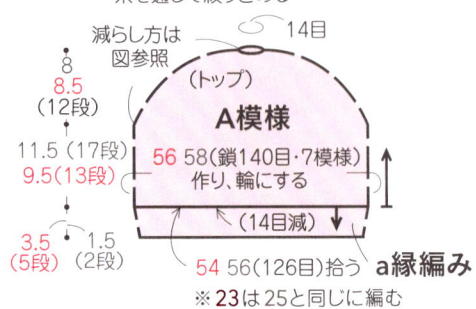

※残りの全目の頭手前側半目に糸を通して絞りどめる

14目

減らし方は図参照

（トップ）

A模様

8
8.5
（12段）

11.5（17段）
9.5（13段）

56　58（鎖140目・7模様）作り、輪にする

3.5（5段）　1.5（2段）

（14目減）

54　56（126目）拾う　a縁編み

※23は25と同じに編む

25 ネックウォーマー

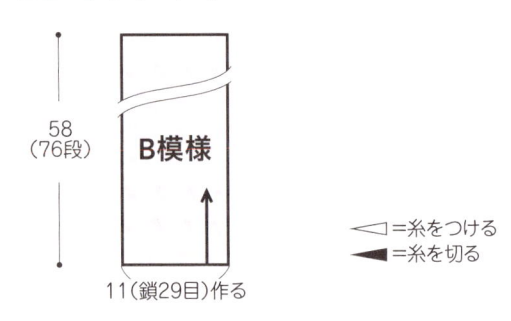

58（76段）

B模様

11（鎖29目）作る

◁＝糸をつける
◀＝糸を切る

25 ネックウォーマーの編み方図

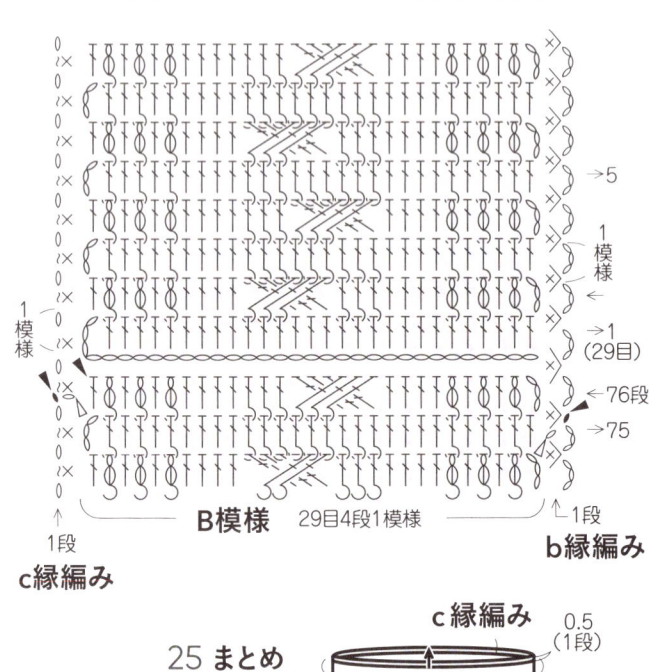

→5

1模様

→1（29目）

→76段
→75

1模様

B模様　29目4段1模様

1模様

1段
c縁編み

1段
b縁編み

25 まとめ

c縁編み　0.5（1段）

76模様拾う

76模様拾う

メリヤスはぎ（伏せ目と伏せ目）の要領で輪にする

0.5（1段）

b縁編み

■文字のあずき色は23、赤色は24、灰色は25、黒は共通です

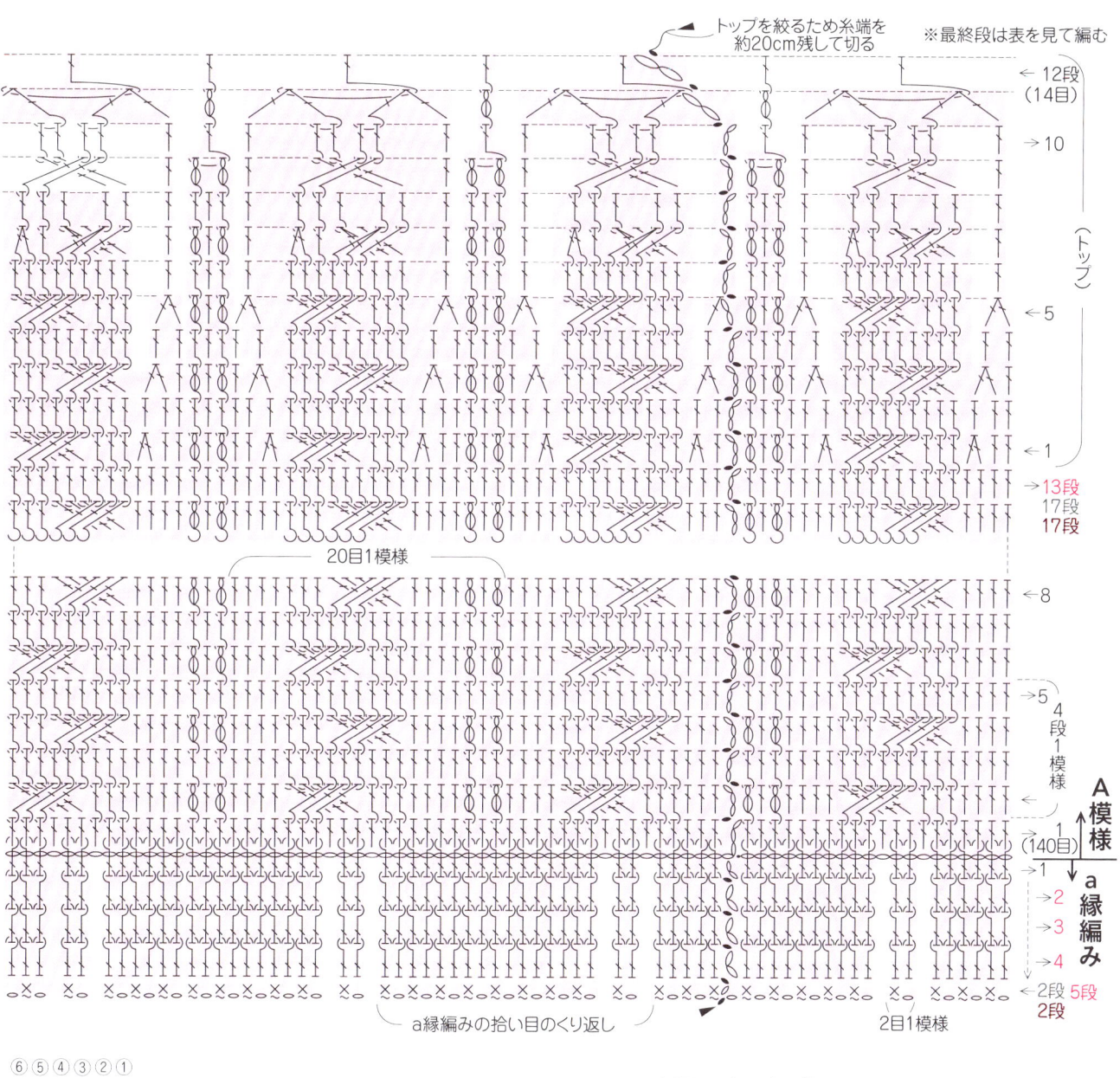

◁= 糸をつける
◀= 糸を切る

23・24・25 キャップの編み方図

▲ トップを絞るため糸端を
約20cm残して切る

※最終段は表を見て編む

←12段
（14目）

→10

（トップ）

←5

←1

→13段
17段
17段

20目1模様

←8

→5

4段1模様

A模様
（140目）

→1
→2
→3
→4

a縁編み

2段 5段
2段

a縁編みの拾い目のくり返し

2目1模様

⑥⑤④③②①
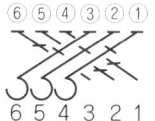
654321
= ①〜③ 4〜6の目を順に長編みの表引き上げ編み
④〜⑥ 1〜3の目を①〜③の目の向こう側で順に長編み

④③②①
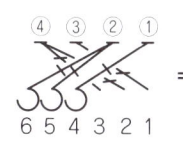
654321
= ① 4の目を長編みの表引き上げ編み
② 5・6の目を長編み2目一度の表引き上げ編み
③ 1の目を①・②の目の向こう側で長編み
④ 2・3の目を①・②の目の向こう側で長編み2目一度

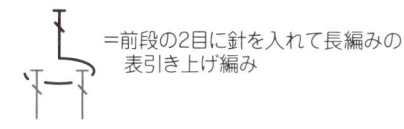
=前段の2目に針を入れて長編みの
表引き上げ編み

記号の編み方は「編み目記号と基礎」を
参照してください

○ =鎖編み   �X =バック細編み

∧・⋏ =細編み2目一度   ｜ =長編み

ｆ =表引き上げ編み   ｆ =裏引き上げ編み

∧ =長編み2目一度   • =引き抜き編み

⑧ =中長編み3目の変わり玉編みの表引き上げ編み

※表引き上げ編みのように拾って
中長編み3目の変わり玉編みを編む

131

モチーフつなぎの マフラー・バッグ・ スカート・ベスト

作品 no. 20, 21, 22

▶▶▶ 118・119・120 ページ

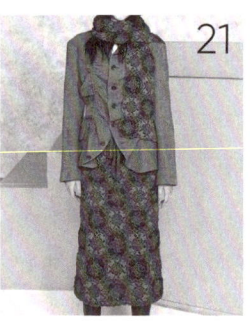

20　21　22

材料と用具

糸	20	極太タイプの変わり糸の灰みピンク系段染めをマフラーに110g、バッグに120g
	21	並太タイプのストレートヤーンの茶系ミックスをスカートに320g、マフラーに130g　並太タイプのストレートヤーン　モスグリーン、黄緑をスカートに各70g、マフラーに各45g
	22	並太タイプのストレートヤーンのグレーをベストに170g、スカートに390g　黒をベストに10g、スカートに180g
針	20	6/0号かぎ針
	21・22共通	5/0号・6/0号・7/0号かぎ針
付属品	20に幅30cm 高さ10cmの木製持ち手1組裏布（メッシュネット）63×47cm	

ゲージ 10cm 四方

20	モチーフ 1 枚 9×9cm
21・22共通	ネット編み a2山4.3cm10段（10cm）モチーフ 1 枚 8.5×8.5cm（5/0号針）

でき上がり寸法

20	マフラー	幅18cm	長さ144cm
	バッグ	幅36cm	深さ27cm
21	スカート	胴回り85cm	たけ73cm
	マフラー	幅17cm	長さ170cm
22	ベスト	胸回り90cm	着たけ50cm　背肩幅35cm
	スカート	胸回り85cm	たけ73cm

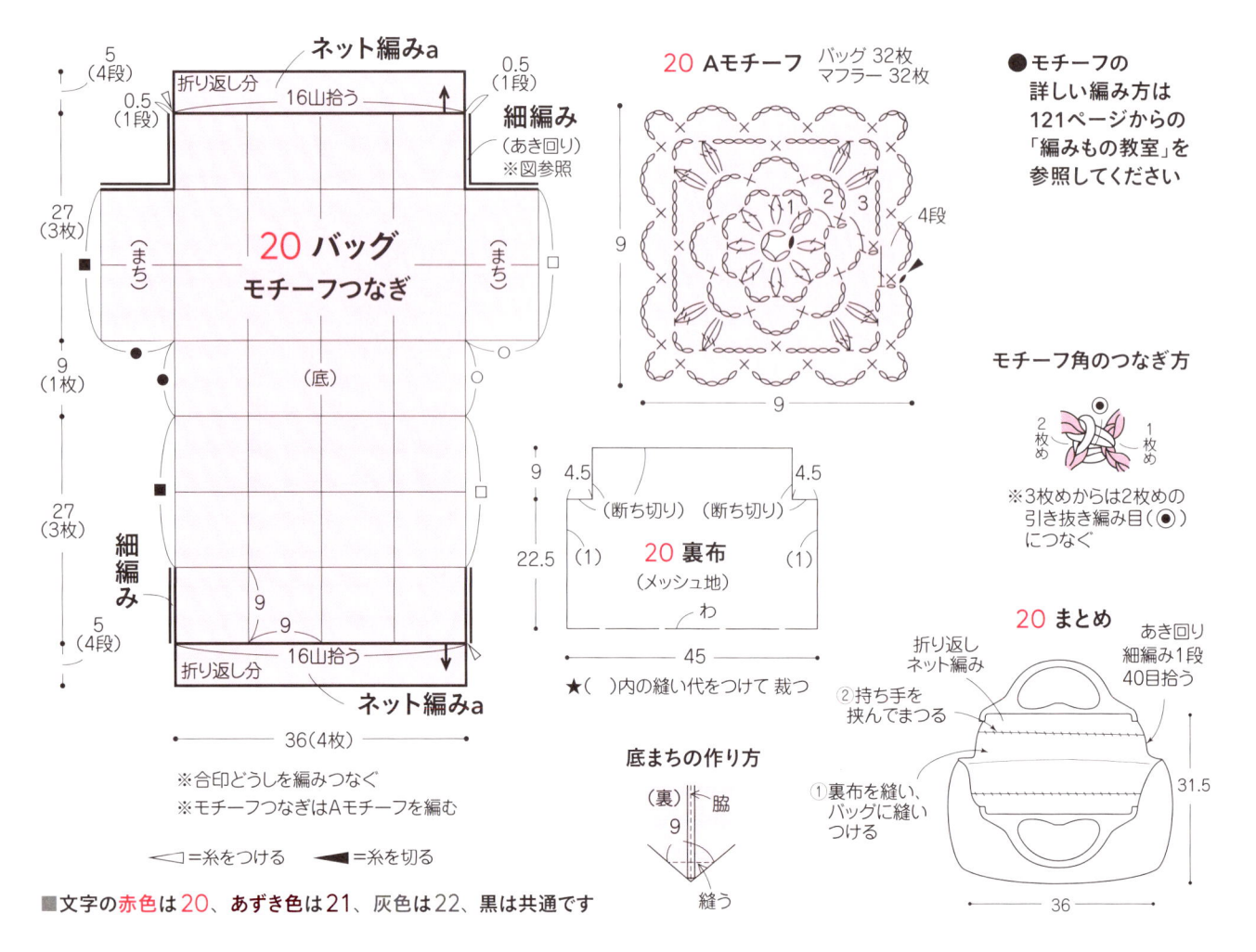

■文字の**赤色は20**、**あずき色は21**、灰色は22、黒は共通です

132

● モチーフは**鎖編みの作り目**をし、輪にして編みますが **21・22** は指定の配色で編みます。

20・21 マフラー

モチーフは隣り合うモチーフと**引き抜き編み**で編みつなぎます。

20 バッグ

1 モチーフは隣り合うモチーフと引き抜き編みで編みつなぎます。
2 入れ口にネット編みaを編み、あき回りは**細編み**で整えます。
3 裏布を縫い、バッグに縫いつけます。持ち手を挟んでモチーフにまつります。

21・22 スカート

1 モチーフは針の号数をかえながら編みつなぎます。
2 裾はモチーフから目を拾って細編みで整えます。
3 ベルトはモチーフから目を拾ってネット編みbを編みます。ひもを編み、4段めに通します。

22 ベスト

1 モチーフ4枚を編みつなぎます。
2 後ろは鎖編みの作り目をしてネット編みaで脇たけを増減なく編み、袖ぐりを減らします。袖ぐりの5段めでモチーフに編みつなぎます。モチーフから目を拾い、ネット編みaを編みます。
3 前は最終段で後ろの肩と編みつなぎます。
4 えりはネット編みaで輪に編み、細編みで整えます。
5 脇は**鎖とじ**で合わせ、裾、袖ぐりは細編みで整えます。

20・21・22 モチーフのつなぎ方

21・22 モチーフ

21 マフラー
Bモチーフ 20枚
Cモチーフ 20枚

ベスト

22 Dモチーフ 8枚

21・22 モチーフの配色

段数	21		22
	B	C	D
4段	茶系ミックス	茶系ミックス	グレー
3段	モスグリーン	黄緑	黒
2段	茶系ミックス	茶系ミックス	グレー
1段	茶系ミックス	茶系ミックス	グレー

8.5

8.5

4段

◁=糸をつける
◀=糸を切る

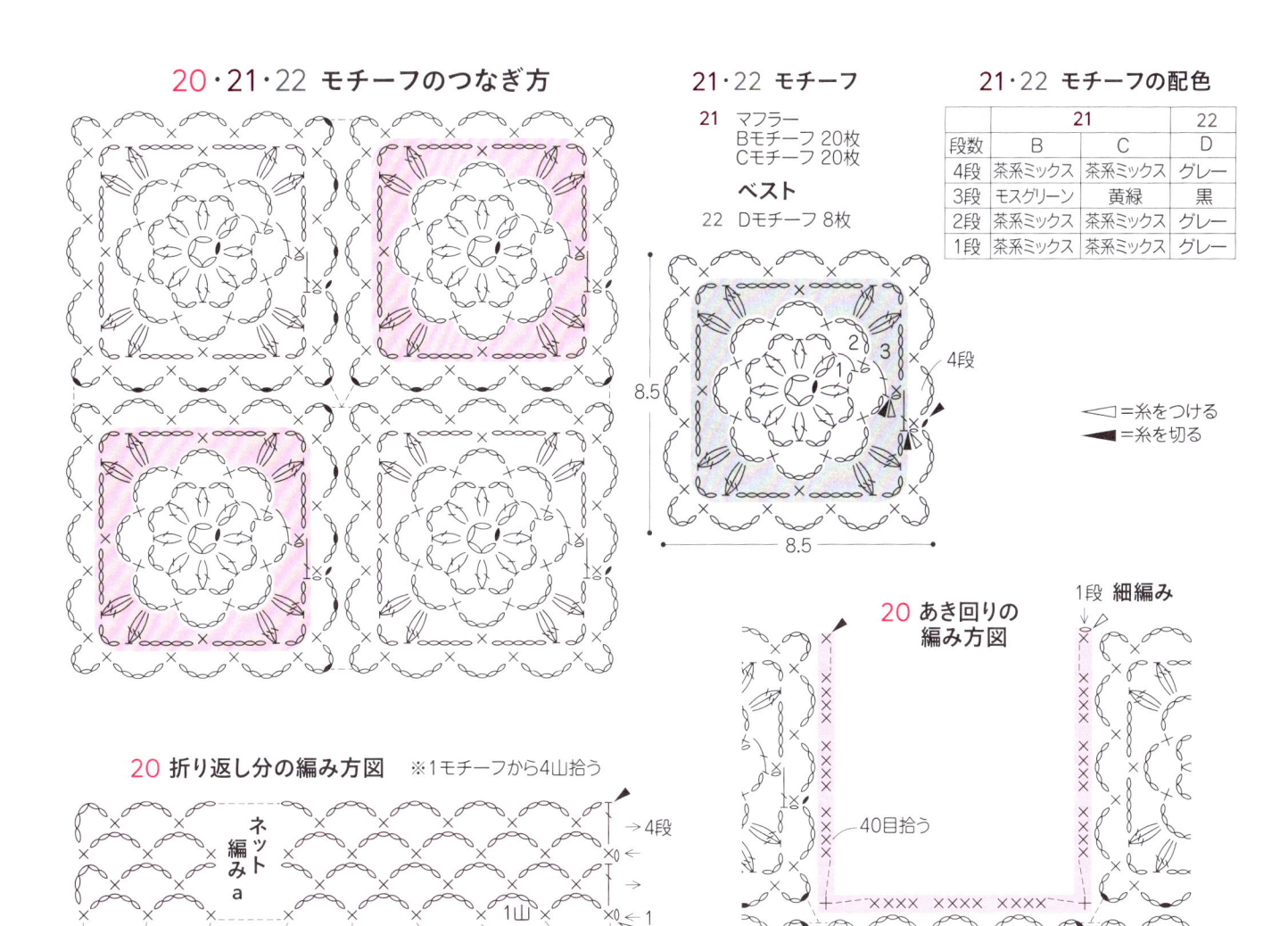

20 折り返し分の編み方図 ※1モチーフから4山拾う

ネット編みa

→4段

1山

→1

20 あき回りの編み方図

40目拾う

1段 **細編み**

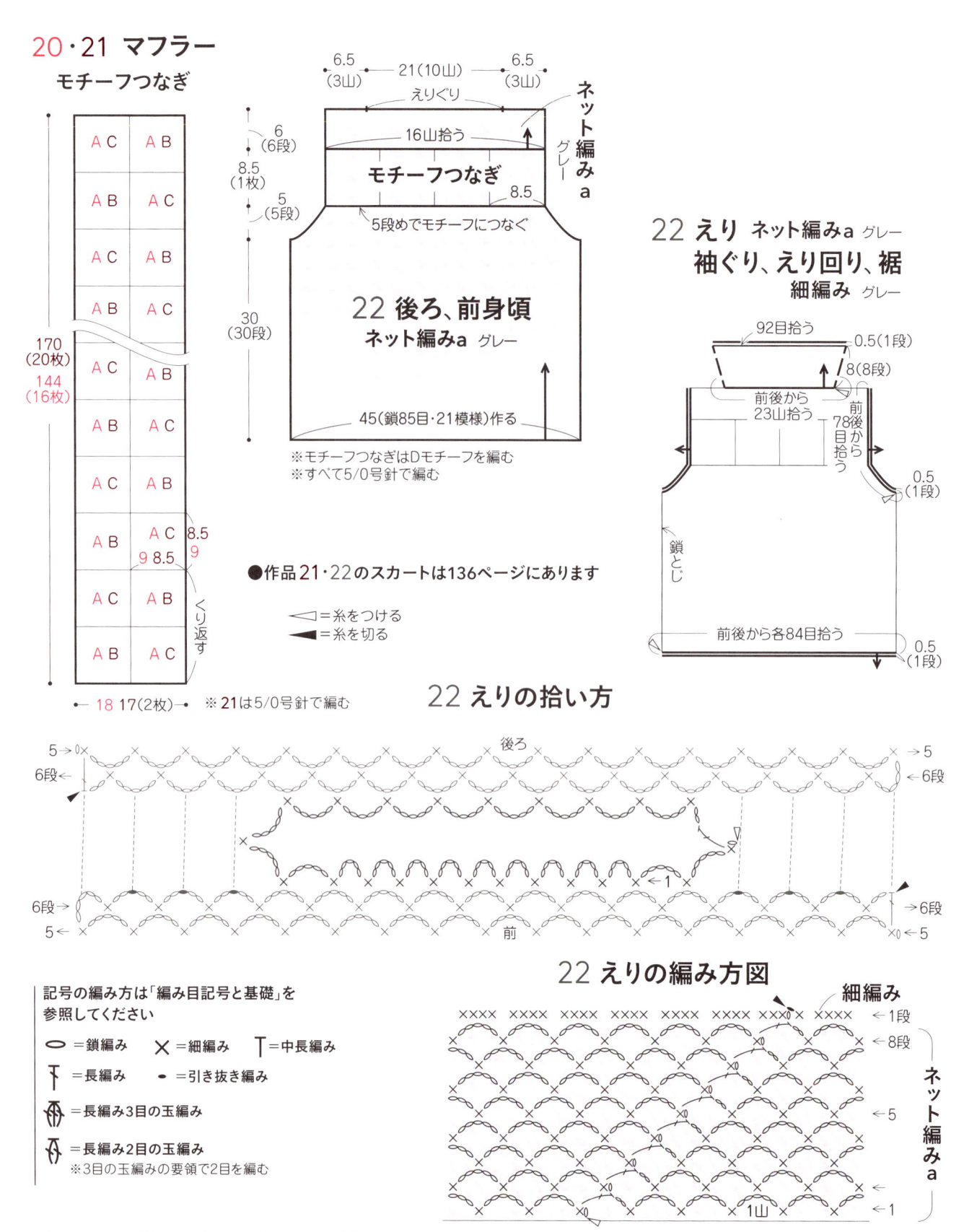

20・21 マフラー
モチーフつなぎ

170
(20枚)
144
(16枚)

AC / AB
AB / AC
AC / AB
AB / AC
AC / AB
AB / AC
AC / AB
AB / AC 8.5 9 8.5 9
AC / AB
AB / AC

←18 17(2枚)→　※21は5/0号針で編む

6.5 (3山)　21(10山)　6.5 (3山)
えりぐり

6 (6段)
8.5 (1枚)
5 (5段)

16山拾う

モチーフつなぎ　8.5

5段めでモチーフにつなぐ

30 (30段)

22 後ろ、前身頃
ネット編みa　グレー

45(鎖85目・21模様)作る

※モチーフつなぎはDモチーフを編む
※すべて5/0号針で編む

くり返す

ネット編みa グレー

22 えり ネット編みa グレー
袖ぐり、えり回り、裾
細編み グレー

92目拾う　0.5(1段)
8(8段)
前後から23山拾う
前後から78目拾う
0.5(1段)
鎖とじ
前後から各84目拾う
0.5(1段)

●作品21・22のスカートは136ページにあります

◁ =糸をつける
◀ =糸を切る

22 えりの拾い方

5→0　後ろ　→5
6段←　←6段
←1
6段→　→6段
5←　前　0→5

記号の編み方は「編み目記号と基礎」を参照してください

○ =鎖編み　× =細編み　T =中長編み
† =長編み　● =引き抜き編み
⋔ =長編み3目の玉編み
⋔ =長編み2目の玉編み
※3目の玉編みの要領で2目を編む

22 えりの編み方図

細編み
←1段
←8段
←5
←1
ネット編みa
1山

■文字の赤色は20、あずき色は21、灰色は22、黒は共通です

22 後ろ、前身頃の編み方図

•＝拾いつつ拾う目位置

（肩）

6段
5

6段
5
1

（えりぐり）

←後ろ中央

前中央→

前身頃の最終段で
後ろ身頃とつなぐ

（肩）

5
6段

6段
5

1

5

○＝糸をつける
▼＝糸を切る

5

1
30段

1
→30段

5

2段
1段
模様
模様

5
2

1

ネット編みa

1山

4目1模様

85目

鎖とじ

21・22 スカート モチーフつなぎ

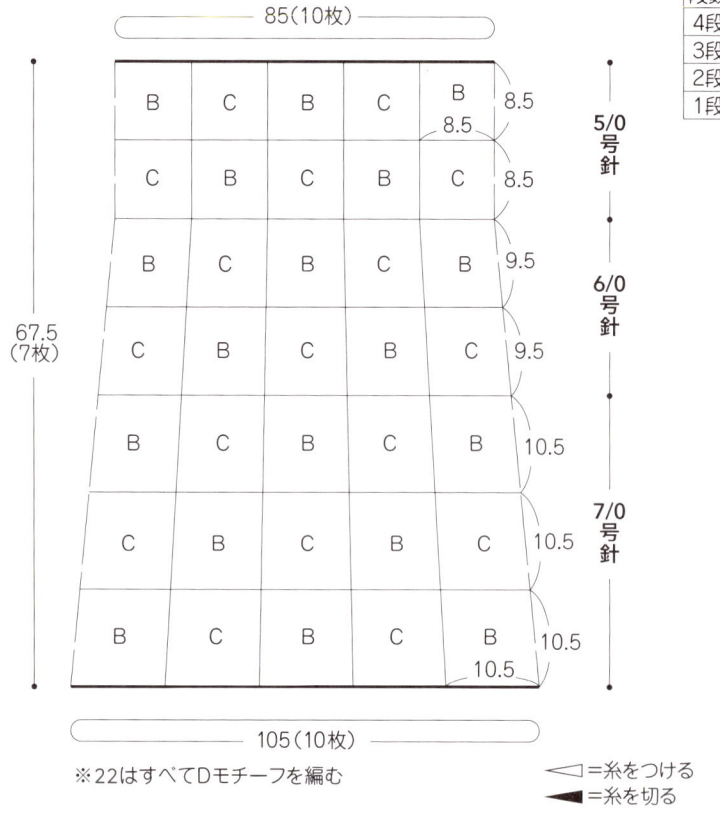

85(10枚)

B	C	B	C	B	8.5
C	B	C	B	C	8.5
B	C	B	C	B	9.5
C	B	C	B	C	9.5
B	C	B	C	B	10.5
C	B	C	B	C	10.5
B	C	B	C	B	10.5

67.5（7枚）

8.5

5/0号針

6/0号針

7/0号針

10.5

105（10枚）

※22はすべてDモチーフを編む

◁=糸をつける
◀=糸を切る

21・22 モチーフの配色

段数	21		22
	B	C	D
4段	茶系ミックス	茶系ミックス	グレー
3段	モスグリーン	黄緑	黒
2段	茶系ミックス	茶系ミックス	グレー
1段	茶系ミックス	茶系ミックス	グレー

21・22 モチーフの枚数

号数	21		22
	B	C	D
5/0号	10枚	10枚	20枚
6/0号	10枚	10枚	20枚
7/0号	15枚	15枚	30枚

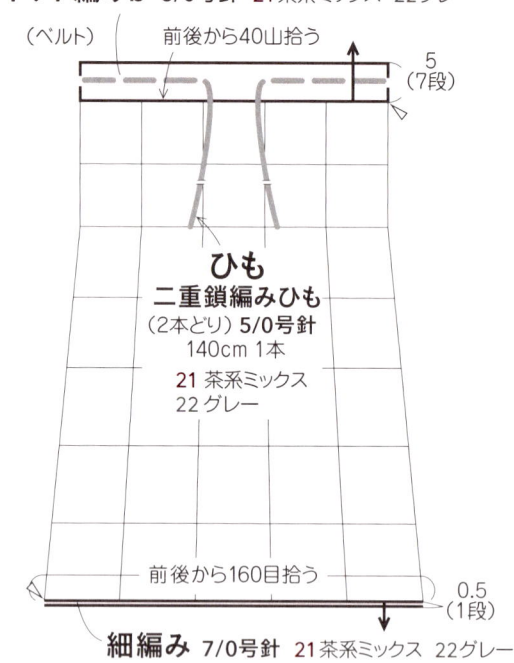

ネット編みb 5/0号針　21茶系ミックス　22グレー

（ベルト）　前後から40山拾う

5
（7段）

ひも
二重鎖編みひも
（2本どり）5/0号針
140cm 1本
21 茶系ミックス
22 グレー

前後から160目拾う

0.5
（1段）

細編み 7/0号針　21茶系ミックス　22グレー

21・22 ベルトの編み方図

▬▬=ひも

ネット編みb

7段
5
1

脇

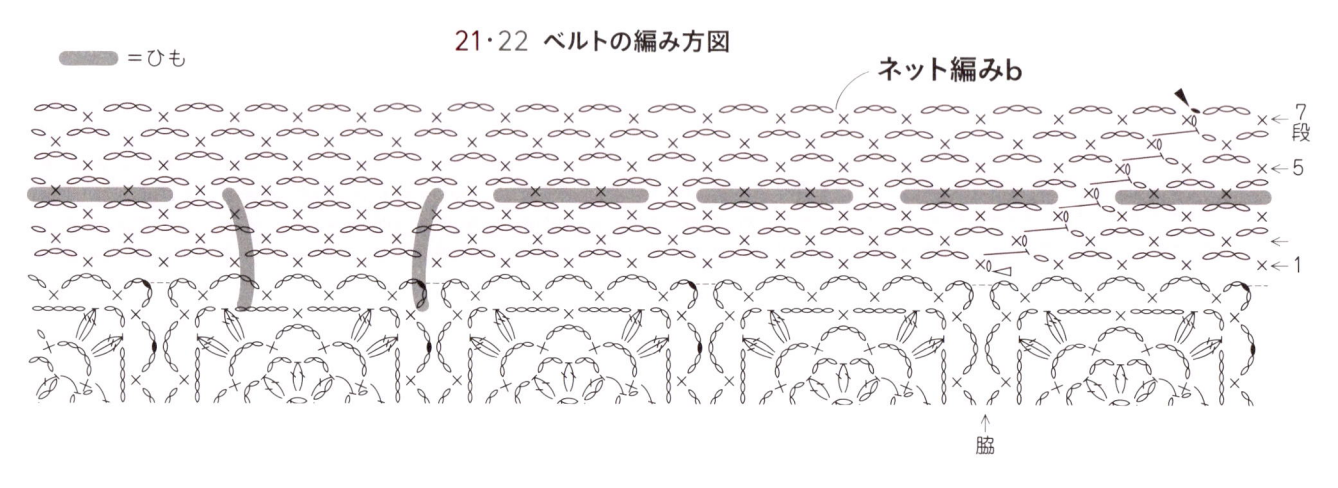

21・22 裾の編み方図

モチーフ1枚から
16目拾う

脇

細編み

←1段

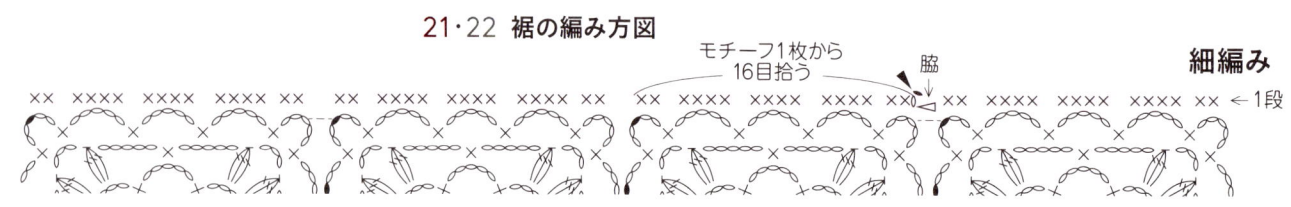

覚えておきたいポイントテクニック
「かんたんなサイズ調整の仕方」

作品の仕上がりサイズを大きくしたり小さくしたい場合は、表示の身頃や袖幅を製図上で計算し直したり、1模様の目数を調整して変更しますが、それは少しテクニックが必要になります。指定のサイズよりワンランクから2サイズくらいまでなら、糸と針だけをかえて調整する方法をおすすめします。これなら初心者でもかんたん。下記の編み地の大きさの違いを参考にしてください。

● 針の太さで調整する

| 4/0号針 | 6/0号針 | 8/0号針 |

糸は同じで、針の太さを前後2号を限度にかえるだけでサイズ調整ができます。サイズを大きくしたいときは表示より太い針、小さくしたいときは細い針で編みます。

※ 左の3点の編み地は、同じ目数段数で針の号数をかえて編んでいますが、ご覧のように仕上がりサイズが変わります。

● 糸の太さで調整する

 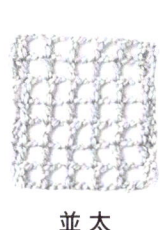 

| 合太 | 並太 | 極太 |

糸の太さを変えるだけでもサイズ調整ができます。作品に表示してある糸の太さ（中細・並太タイプなど）とゲージを目安に糸を選びます。サイズを大きくしたいときは太め、サイズを小さくしたいときは細めの糸を使用し、針は糸に合わせた号数を選びます。

※ 左の3点の編み地は、同じ目数段数で糸の太さをかえて編んでいますが、ご覧のように仕上がりサイズが変わります。

● 針の太さ、糸の太さで調整した編み地3タイプ

（並太タイプ）　　　（中細タイプ）

| 6/0号針 | 5/0号針 | 3/0号針 |

同じモチーフ柄を糸の太さ、針の太さをかえて調整した編み地です。

※ 糸と針だけをかえてサイズ調整する方法は、それぞれ全体的に寸法がかわってきますので、身幅、着たけ、袖たけの仕上がり寸法に注意してください。

編み目記号と基礎

⬭ 鎖編みの作り目

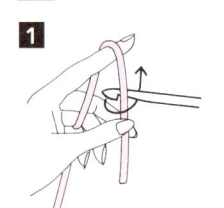 **1**

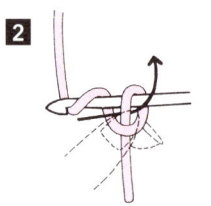 **2**

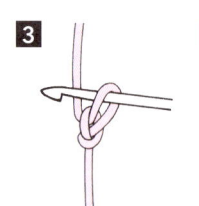 **3**

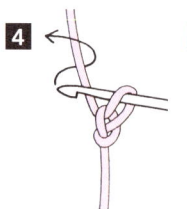 **4**

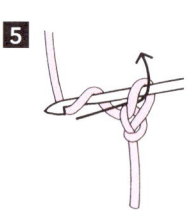 **5**

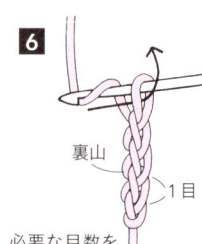 **6**

かぎ針を糸の向こう側におき、6の字を書くように回して、糸輪を作る	糸輪の交差したところを左中指と親指で押さえ、針に糸をかけて引き出す	引き出したら、糸輪をきつく締める（この目は1目と数えない）	矢印のように針に糸をかける	編み糸を引き出す。**4**・**5**をくり返す	必要な目数を編んで作り目にする

裏山　1目

糸輪の作り目 ●図は細編みの場合。編み目が違っても同様に編む

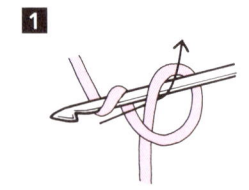 **1**

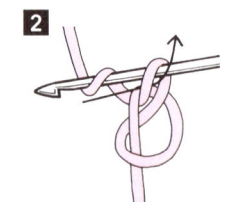 **2**

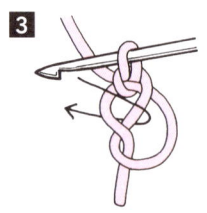 **3**

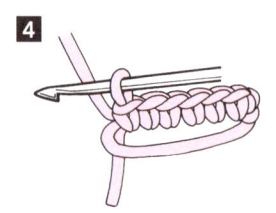 **4**

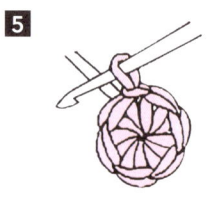 **5**

鎖編みの作り目**1**・**2**と同じ要領で糸輪を作り、針に糸をかけて引き出す	続けて針に糸をかけて引き出し、立ち上がりの鎖1目を編む	矢印のように糸輪の中に針を入れてすくい、1段めの細編みを編む	**3**をくり返して糸輪の中に細編みを必要目数編み入れる。糸端は糸輪に沿わせ、一緒に編みくるむ	編み始めの糸端を引き、糸輪を引き締める。1目めの細編みの頭に引き抜いて輪にする

作り目からの目の拾い方
●特に指定のない場合は好みの拾い方にする

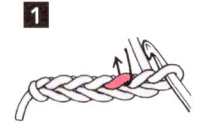 **1**

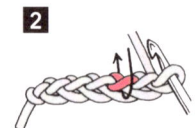 **2**

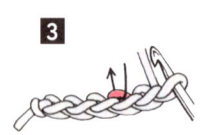 **3**

鎖半目を拾う	鎖半目と裏山を拾う（鎖編みを少しゆるめに編む）	鎖の裏山を拾う（鎖編みを少しゆるめに編む）

✕ 細編み

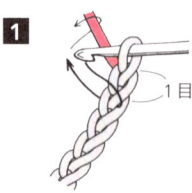 **1**

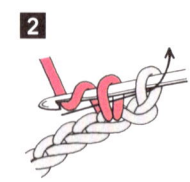 **2**

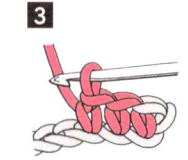 **3**

1目

立ち上がりの鎖1目をとばした次の目に針を入れ、糸をかけて引き出す	もう一度針に糸をかけ、針にかかっている2ループを一度に引き抜く	以上をくり返して、必要目数を編む

⊤ 中長編み

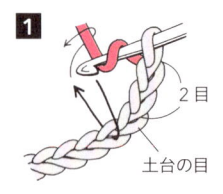 **1**

 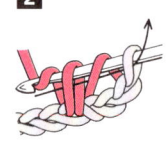 **2**

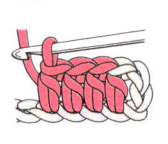 **3**

2目　土台の目

立ち上がりの鎖2目と土台の1目をとばした次の目に、糸をかけた針を矢印のように入れ、針に糸をかけて引き出す	もう一度針に糸をかけ、針にかかっている3ループを一度に引き抜く	以上をくり返して、必要目数を編む

⊤ 長編み

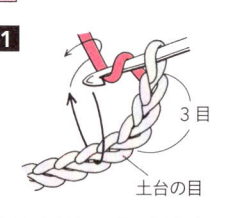 **1**

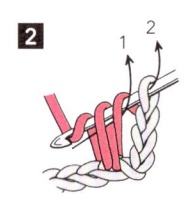 **2**

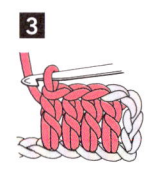 **3**

3目　土台の目

2　1

立ち上がりの鎖3目と土台の1目をとばした次の目に、糸をかけた針を矢印のように入れ、再び針に糸をかけて引き出す	もう一度針に糸をかけ、針にかかっている2ループを引き抜く。2ループずつ引き抜くことを2回くり返す	以上をくり返して、必要目数を編む

基本の編み地

方眼編み

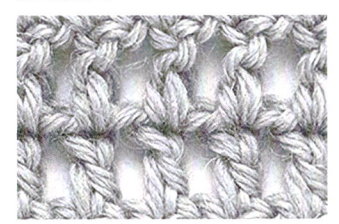

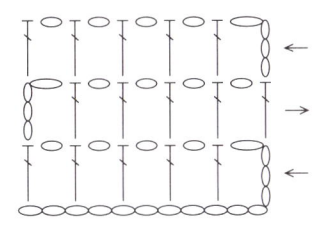

長編みと鎖編みを組み合わせて
構成した模様編み

細編み

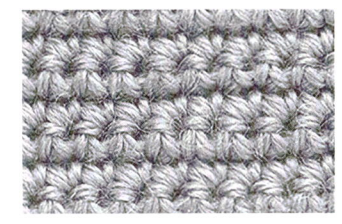

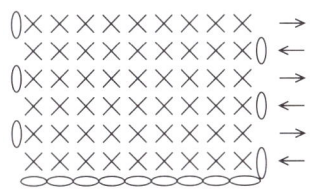

かぎ針の基本の編み目。
細編みの立ち上がりは鎖1目。
縁編みなどに多く使われる

うね編み・すじ編み

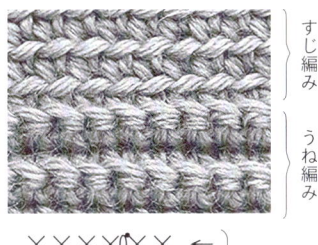

すじ編み
うね編み

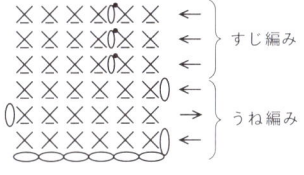

すじ編み
うね編み

記号は同じですが、うね編みは往復編
みに、すじ編みは一方向に編むことで
編み目が異なる。どちらも細編みで向
こう側の半目をすくって編む

中長編み

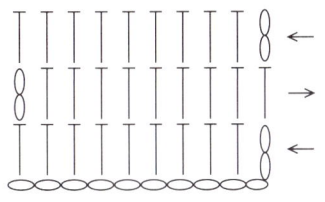

基本の編み目。立ち上がりは鎖2目

ネット編み

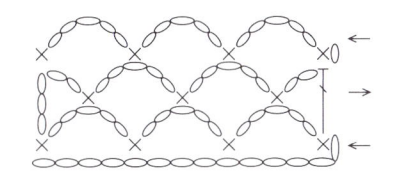

細編みと鎖編みを組み合わせて
構成した模様編み（鎖の数は自由に）

長編み

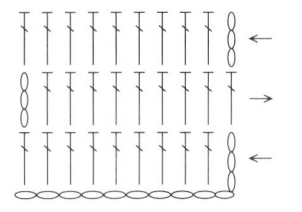

基本の編み目。立ち上がりは鎖3目

長々編み

1

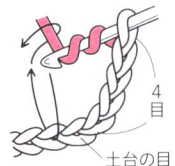

立ち上がりの鎖の目4目
と土台の1目をとばした
次の目に、糸を2回かけ
た針を矢印のように入れ、
針に糸をかけて引き出す

2

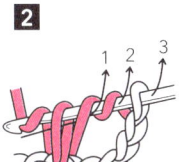

もう一度針に糸を
かけて、2ループ
ずつ引き抜くこと
を3回くり返す

3

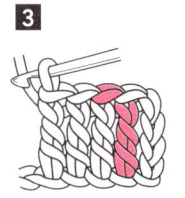

以上をくり返して、
必要目数を編む

三つ巻き長編み

1

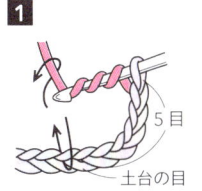

立ち上がりの鎖5目と土台の1目をとばした次の目に、糸を3回か
けた針を矢印のように入れ、針に糸をかけて引き出す。もう一度針
に糸をかけ、針にかかっているループを2ループずつ引き抜くこと
を4回くり返す

2

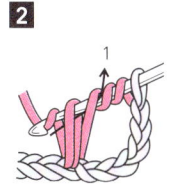

3

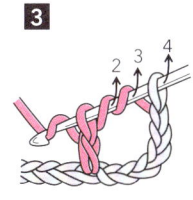

長編み3目の玉編み ●目数が変わっても同じ要領で編む

1
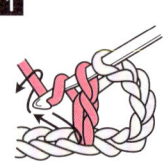
長編みの最後の引き抜きをしない未完成の長編みを同じ目に3目編む

2
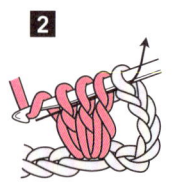
針に糸をかけて、4ループを一度に引き抜く

3
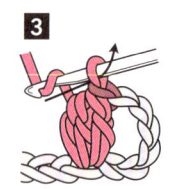
長編み3目の玉編みが編めたところ

 ## 中長編み3目の変わり玉編み
●目数が変わっても同じ要領で編む

1
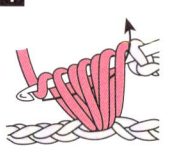
針に糸をかけて引き出すことを3回くり返し、針にかかっている6ループを一度に引き抜く

2
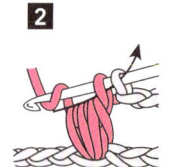
続けて、針にかかっている2ループを一度に引き抜く

3
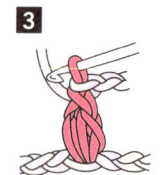
編めたところ

長編み2目一度 ●減らす目数が増えても同じ要領で編む

〈左側〉
1
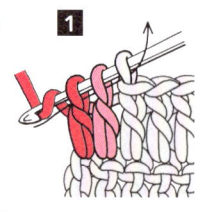

2
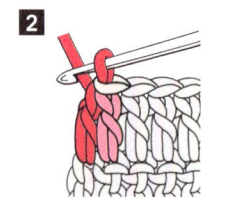

前段左端から2目残すところまで編む。針に糸をかけて次の目を拾い、2ループを1回引き抜く。さらに左端の目も同様にして編むと3ループが残る

針に糸をかけ、3ループを一度に引き抜く。1目が減ったところ

〈右側〉
1
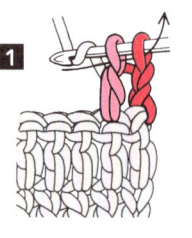

2
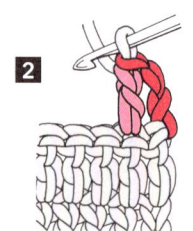

前段が編めたら編み地の向きをかえ、鎖2目(もしくは3目)で立ち上がる。長編み**2**の要領で編む

2目一度になり、1目が減ったところ

長編み2目(増し目) ●目数が増えても同じ要領で編む

1
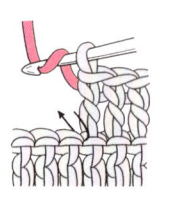
長編みを1目編んだら針に糸をかけ、もう一度同じ目に手前側から針を入れる

2
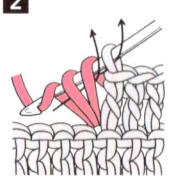
糸を引き出し、長編みをもう1目編む

うね編みとすじ編み ●図は細編み。長編みの場合も同じ要領

●うね編み

1
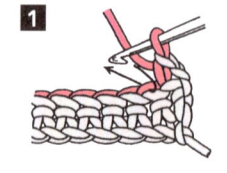
2
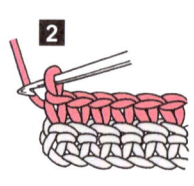

●すじ編み
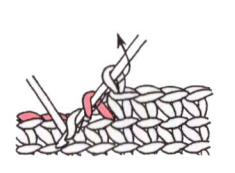

前段の向こう側半目をすくう。うね編みとすじ編みは記号が同じですが、うね編みは往復編み、すじ編みは一方向(輪)に編む

 ## 細編み2目(増し目) ●目数が増えても同じ要領で編む

1
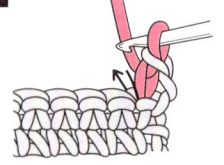
前段の1目に細編みを2目編み入れ、目を増す

2

1目が増えたところ

 ## 細編み2目一度 ●目数が増えても同じ要領で編む

1
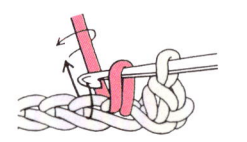
前段から1目ずつ2回糸を引き出す

2

針に糸をかけて、針にかかっている3ループを一度に引き抜く

3
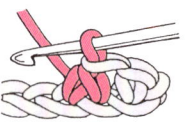
細編み2目一度が編めたところ

⊠ バック細編み

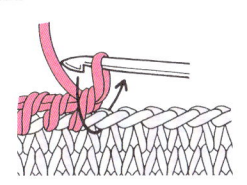
1

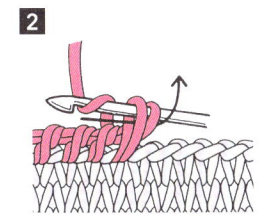
2

左から右へ編む。前段に
矢印のように針を入れる

糸を引き出し、針に糸をかけて
2ループを一度に引き抜く

⚠ 細編み3目一度

1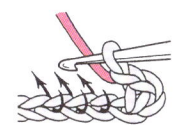

2

3

前段から1目ずつ
3回糸を引き出す

針にかかっている4ル
ープを一度に引き抜く

細編み3目一度
が編めたところ

⬚ パプコーン編み

1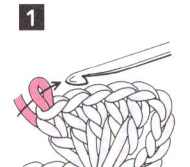

2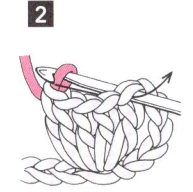

3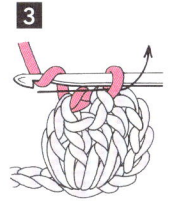

指定の目数分の
長編みを編んで
針をはずす

最初の目の上部に手前
から針を入れ、はずし
た目を引き抜く

鎖1目を編んで
でき上がり

⑰ 鎖3目のピコット編み

1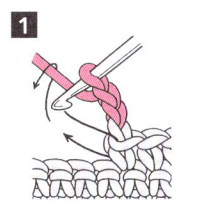

2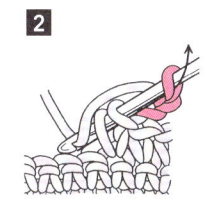

3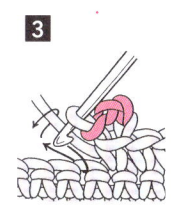

ピコットをする位置で
鎖3目を編み、矢印の
ように針を入れる

針に糸をかけて一
度に引き抜くと、
丸いこぶができる

指定の間隔でピコ
ットをくり返す

⑤ 表引き上げ編み ●図は長編み。編み目が変わっても同じ要領

1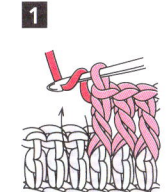

2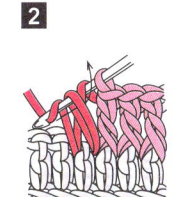

3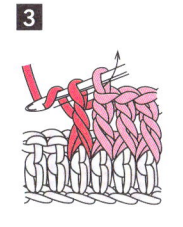

針に糸をかけ、前段の編み目に手前から針を入れて横にすく
い、糸を長めに引き出す。針に糸をかけて2ループを引き抜
き、もう一度針に糸をかけて2ループを引き抜く

⑤ 裏引き上げ編み ●図は長編み。編み目が変わっても同じ要領

1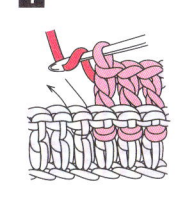

2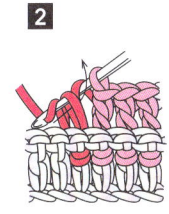

3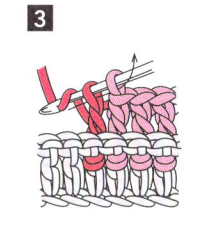

針に糸をかけ、前段の編み目に向こう側から針を入れて横にす
くい、糸を長めに引き出す。針に糸をかけて2ループを引き抜き、
もう一度針に糸をかけて2ループを引き抜く

巻きはぎ（巻きかがる）

[1目]

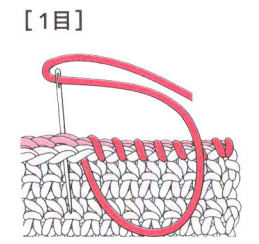

[半目]

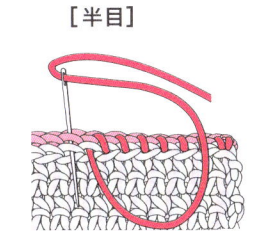

前側と向こう側の目（作品により、1目か半目）を
すくうことをくり返す

⬭ 引き抜き編み

1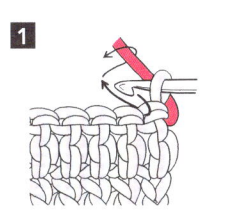
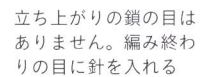

2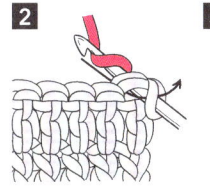

3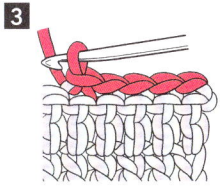

立ち上がりの鎖の目は
ありません。編み終わ
りの目に針を入れる

針に糸をかけ、
一度に引き抜く

以上をくり返す

巻きとじ

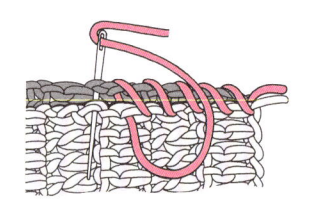

2枚の編み地を中表に合わせ、編み目をそろえる。針を向こう側から手前に出し、長編みの中間と頭の目を交互に、編み地がずれないように注意しながらとじる

配色糸のかえ方

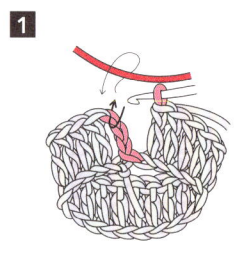 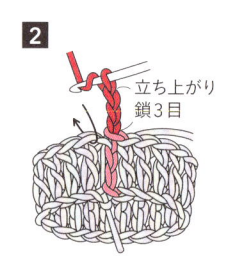 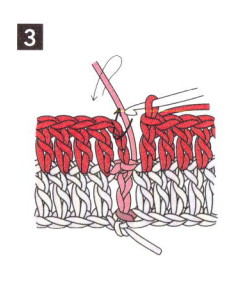

（2の図中）立ち上がり鎖3目

長編み最後の引き抜きをするときに配色糸にかえて引き抜き、次の段の立ち上がり鎖3目を編む。地糸に戻すときは休めておいた糸を持ち上げて地糸で引き抜く

すくいとじ すくいはぎは目と目をはぐ

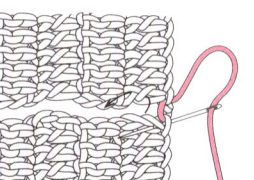 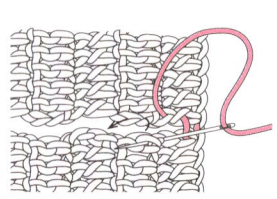

2枚の編み地を外表に突き合わせ、端の目をとじ分とする。端の1目の中間と頭を交互にすくって糸を引き、段がずれないように注意してとじる

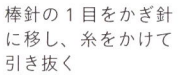 伏せ目

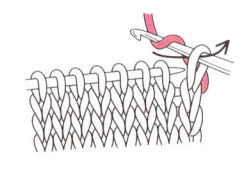 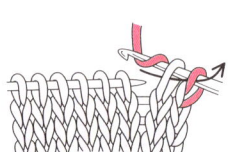 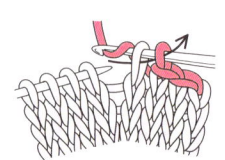

棒針の1目をかぎ針に移し、糸をかけて引き抜く

次の目をかぎ針に移し、糸をかけて2ループを引き抜く

2 をくり返す

鎖とじ

編み地を中表に合わせ、鎖3目（作品によって調整する）を編んでは引き抜き（もしくは細編み）編みをくり返す

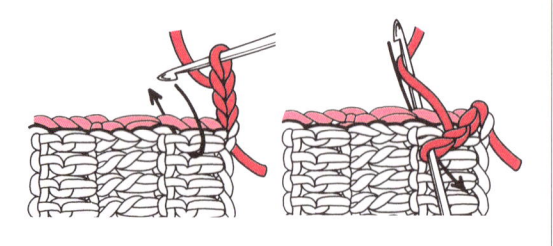

メリヤスはぎ（伏せ目と伏せ目）

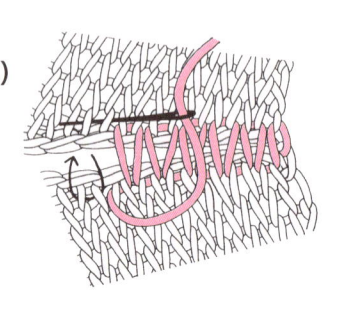

目と目を突き合わせ、向こう側はVの字、手前側は八の字をすくう（1目に2回ずつ針を入れてすくう）

二重鎖編みひも

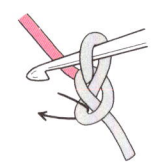 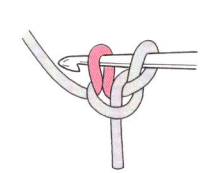 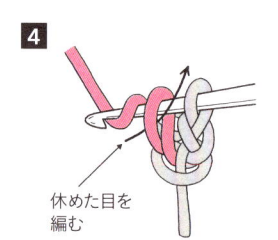 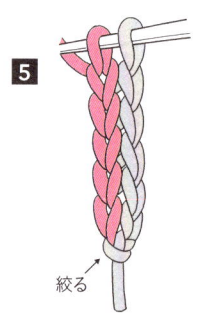

1 鎖編みの作り目をし、矢印の位置に針を入れる

2 針に糸を掛けて糸を引き出す

3 2でできた目を針からはずして休める。休めた目がほどけないように押さえながら鎖1目を編む（図中：針を抜いて休める）

4 休めた目を針に戻し、この目に鎖1目を編む（図中：休めた目を編む）

5 3・4をくり返す（図中：絞る）

モチーフのつなぎ方

● 引き抜き編みで つなぐ場合

1枚めのモチーフを編む。2枚めは指定位置で1枚めに上から針を入れ、引き抜き編みをきつめに編む。次の目からは図のとおりに編み進む

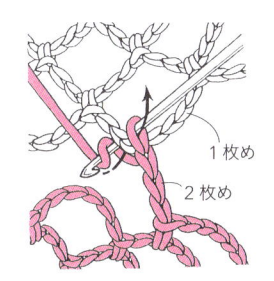

1枚め
2枚め

● 巻きはぎで つなぐ場合

モチーフどうしを突き合わせ、向かい合った目をすくってひと針ごとに糸を引く。横方向を全部つなぎ、次にたて方向をつなぐ。すべて同色でつなぐ場合は、4枚のモチーフ中央は図のように針を入れると穴があかずによい

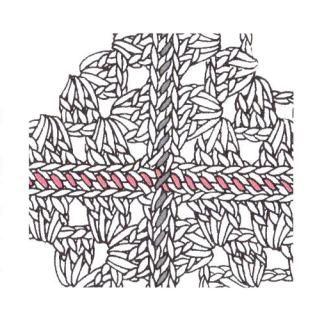

タッセルの作り方

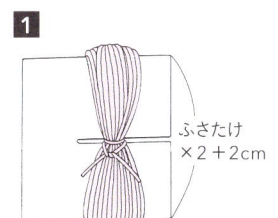

巻いた糸を
中央で結ぶ

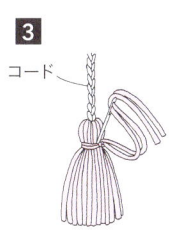

ふさたけ
×2＋2cm

中央で結んだ
糸にコードを
結びつける

コード

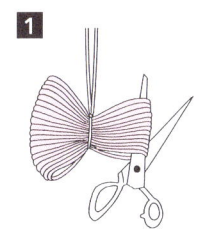

ふさを二つに折り、共糸で結んで糸端を中に入れ、ふさの先を切りそろえる

ポンポンの作り方

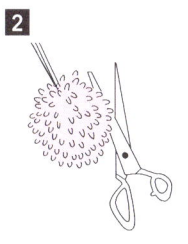

ポンポンの直径に1cm加えた幅の厚紙に、糸を指定回数巻く。厚紙をはずして中央を結び、両端の輪を切る

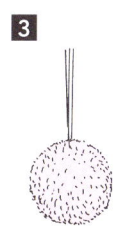

形良く切り
そろえる

中央の糸で
とじつける

← 糸を渡す

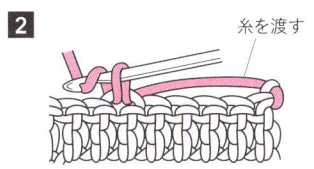

糸を渡す

編み終わりのループに糸玉を通し、糸玉を引いてループを引き締める。糸を渡して次の段を編む

ボタンのつけ方

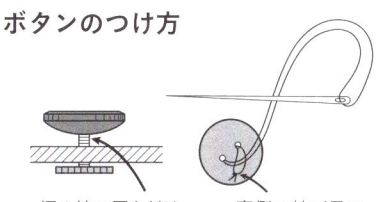
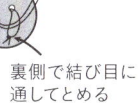
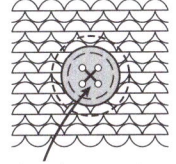

編み地の厚さだけ
足をつける

裏側で結び目に
通してとめる

表のボタンより少し小さめのボタンか
プラスチックボタンを裏にあてる

あらい編み目のニットは、編み地の糸が引っぱられやすいので、裏に力ボタンをあてたボタンのつけ方が、しっかりきれいにつきます。表側のボタンの裏側は作品の編み地の厚さ分だけ、糸で巻いて足をつけるようにします。また、薄手のものや、編み地のややきつめのものでしたら、力ボタンをつけなくてもよいでしょう。ボタンつけ位置の編み地1目分をすくい、足を同じようにつけます。

記号の見方（目を割る・束に拾う）

● 根元がついている場合

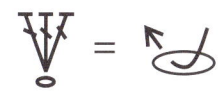

前段の鎖の目を割って
針を入れて編む

● 根元が離れている場合

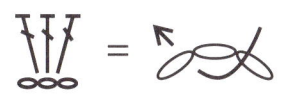

前段の鎖の目を割らずに
ループ全体を束（そく）に拾って編む

● カバー
　デザイン／柿沼みさと

● 本文
　デザイン／柿沼みさと
　撮影／伊藤ゆうじ　関根明生　本間伸彦
　モデル／岩田絵莉佳　Emilia　Kanoco
　　　　　茅乃えれな　姫川セリーヌ　マリー クレア

● 企画・編集
　荷見弘子・丸尾利美

● 編集担当
　尾形和華（成美堂出版編集部）

★本書は、先に発行の「手編み大好き！」の中から特に好評だったプロセス作品を再編集した一冊です。

今日から作れる! 編みながら楽しく覚えるかぎ針編みの基礎

編　者　成美堂出版編集部
発行者　深見公子
発行所　成美堂出版
　　　　〒162-8445　東京都新宿区新小川町1-7
　　　　電話(03)5206-8151　FAX(03)5206-8159
印　刷　大日本印刷株式会社

©SEIBIDO SHUPPAN 2024　PRINTED IN JAPAN
ISBN978-4-415-33484-4
落丁・乱丁などの不良本はお取り替えします
定価はカバーに表示してあります